BRAHMA KUMARIS
ANGEL OF SHIVA

कविता पाठ श्रृंखला

Daily Kavita Paath

AVYAKT INSPIRATIONS :

A Collection Of 100 Poems

A Soulful Daily Series Of Poetry Recitations

Made with ♥ on the Notion Press Platform
www.notionpress.com

अनुक्रमणिका

अनुक्रमणिका

1

वासनामुक्त वसन्त

जीवन उपवन में
खिले प्रभु प्रेम के फूल।

वासनाओं ने ली विदाई,
खुशियों ने चादर बिछाई।

बिखरे अनुभूतियों के रंग,
एक प्रीतम के संग।

मिले नयन,
मिटा देह अभिमान।

अदृश्य स्पर्श,
रूहानियत की बयार।

पावनता का आँचल,
शीतलता का झरना।

मोहब्बत का आसमाँ,
अमृतरस की लतायें।

शिवमय वादियाँ,
मधुर मौन की गूँज।

इठलाते, बलखाते,
स्वतन्त्र आत्म पन्छी।

ये है दिव्य वसन्त –
वासनामुक्त वसन्त।

कविराज : बी के सुशील भाई, मधुबन

मोह त्याग संगीत

गूँज रहा है शंखनाद,
डंके बज रहे चहुँ ओर हैं।
अन्तिम अध्याय भट्ठी का –
कर रहा इशारा, किस ओर है?

मिट्टी के पुतले तू,
श्मशान में जाकर मिट्टी में मिल जाएगा।
तेरा शरीर, राख से चुनकर
जल में बहाया जाएगा।

बदबू भरे इस जिस्म में,
क्यों रखता तू मोह है?
ढोल-नगाड़े गूँज रहे हैं,
मृदंग बज रहे चहुँ ओर हैं।
अन्तिम अध्याय भट्ठी का –
कर रहा इशारा, किस ओर है?

सब मूर्छित मरे पड़े हैं,
किससे तेरा रिश्ता? किससे तेरा नाता है?
'मेरा-मेरा' कहने वाला,
कोई साथ नहीं जाता है।

क़ब्रदाखिल रूहों से –
क्यों रखता तू मोह है?
रणभेरी अब गूँज रही है,
डमरू बज रहे चहुँ ओर हैं।
अन्तिम अध्याय भट्ठी का –
कर रहा इशारा, किस ओर है?

मोह-माया में फँसकर,
तूने क्या पाया?
"यह मेरा है, यह मेरा है" –
इस 'मेरे' ने ही तुझको भटकाया।

अन्तिम सांसें गिन रहे –
इस संसार से क्यों रखता तू मोह है?
प्रकृति ने घुंघरू बाँध लिए हैं –
अब ताण्डव होगा चहुँ ओर में।

अन्तिम अध्याय भट्ठी का –
कर रहा इशारा, किस ओर है?

कविराज : बी के पुरुषोत्तम भाई, मधुबन

स्पर्शहीन सुख

प्रकृति की प्रशांत गोद में,
चेतना को छू रही
अदृश्य शक्ति की सुख की तरंगें।

शांत सरोवर के किनारे,
न कोई शोर, न कोई भागम-भाग।
बस मैं और बाबा ही बाबा,
बस मैं और बाबा ही बाबा।

न कोई स्पर्श, न कोई बंधन,
अतीन्द्रिय सुख में
झूम रहा मन, झूम रहा मन।

बादलों की तरह सूक्ष्मवतन में,
उड़ रहा मन, उड़ रहा मन।

अतीन्द्रिय सुख का अनुभव करते-करते,
परमधाम में उड़ गया मन, उड़ गया मन।

परमधाम में:
न कोई स्पर्श, न कोई अर्श,
न कोई आकार, न कोई साकार।

न कोई वाणी, न कोई पानी,
न कोई धनी, न कोई मनी।

न कोई हवा, न कोई दीवा,
न कोई दुकान, न कोई मकान।

न कोई माया, न कोई छाया,
न कोई पकौड़ा, न कोई गपोड़ा।

न कोई ठण्डी, न कोई मण्डी,
न कोई आँधी, न कोई तूफ़ान।

न कोई नॉलेज, न कोई कॉलेज,
न कोई मेल, न कोई फ़ीमेल।

बस चारों ओर सुख ही सुख,
न कोई नीति, न कोई कृति।
बस आत्मा और परमात्मा की
प्रीति ही प्रीति,
स्पर्शहीन सुख की रीति ही रीति।

कविराज : बी के विठ्ठल भाई, मधुबन

शब्दहीन साधना

शब्दहीन साधना, ये मौन की है साधना
अखण्ड की ये साधना, प्रचण्ड की है साधना।

संकल्प को ये तेज दे, वाणी को ओज दे,
माया के तेज को निस्तेज करती साधना।

लक्ष्य अखण्ड कर, पुरूषार्थ प्रचण्ड कर,
माया का घमण्ड खण्ड-खण्ड करती साधना।

स्वरूप निखारती, स्वधर्म को संवारती,
अधर्म का समूल नाश करती ये साधना।

विजय को विश्वास दे, विश्वास को श्वास दे,
स्वराज्य का परचम लहराती ये साधना।

योग को सिद्ध कर, प्रयोग को प्रसिध्द कर,
अनुभवों का सिंहद्वार खोलती ये साधना।

त्याग को सबल करे, वैराग्य को प्रबल करे,
तपस्या के वेग को प्रखर करे ये साधना।

अव्यक्त को व्यक्त करे, सुषुप्त को जागृत कर,
सोए हुए सूर्य को प्रकट करे ये साधना।

शब्दहीन साधना, ये मौन की है साधना,
अखण्ड की साधना, प्रचण्ड की है साधना।

कविराज : बी के अरविन्द भाई, मधुबन

निर्विकार नृत्य

चारों तरफ है विकारों का बोलबाला,
माया ने लगा दिया सबकी बुद्धि में गोदरेज का ताला।

किसी को नहीं है सत्य-असत्य की समझ,
व्यक्ति, वस्तु, वैभव में ढूँढ रहा है सुख – बेसमझ।

हे विकार, अब सुन ले – न चलेगा तुम्हारा कोई बुरा कृत्य,
स्वयं भगवान सिखा रहे हैं – राजयोग का निर्विकार नृत्य।

धनी हो या गरीब, पढ़ा हो या अनपढ़ – सब हैं अंदर से खाली,
बाहर से दिखाते हैं जैसे हम हैं विश्व के वाली।

बच्चा, बूढ़ा, नौजवान – सभी अभी हैं रोगी,
परवश हैं सभी संस्कारों के – हैं सभी भोगी।

हे विकार, अब सुन ले – न चलेगा तुम्हारा कोई बुरा कृत्य,
स्वयं भगवान सिखा रहे हैं – राजयोग का निर्विकार नृत्य।

इस हालत को देख स्वयं शिव का हुआ यहाँ आना,
ब्रह्मा द्वारा शिव ने कहा – हे विकारों, अब तुम्हें पड़ेगा ही जाना।

विकारों ने भी समझ लिया – कि अब तो पड़ेगा ही जाना,
कोई भी राजयोगी नहीं सहन करेगा विकारों का ताना।

हे विकार, अब सुन ले – न चलेगा तुम्हारा कोई बुरा कृत्य,
स्वयं भगवान सिखा रहे हैं – राजयोग का निर्विकार नृत्य।

कविराज : बी के आशीष भाई, मधुबन

मोहभंग मन्थन

शब्दहीन साधना नहीं, अब शस्त्रधारी सोच चाहिए,
माया की चुप्पी तोड़ने को—
अब जागृत चित्त की हुंकार चाहिए।

जिसे 'मेरा' कहा — वही गैर निकला,
जिसे अपनाया — वो तमाशा कर निकला।
जिस देह से मोह किया,
वो राख बनकर बह गया —
और तू अब भी मोह के मृग में भटक रहा?

देखा जाये तो मोह के रूप हैं अनेक जैसे...

कभी माँ की ममता, कभी दोस्त की चाह,
कभी सम्मान का लोभ, कभी रिश्तों की राह।
कभी सन्तान की चिन्ता, कभी सम्पत्ति का मोह,
पर सबका अन्तिम पड़ाव — श्मशान की छाँव।

माया का मन्थन जब हैं भीतर उठता,
तब मोह की माला है फन्दा बन झूलता।
सत्संग के बीच भी संकल्पों में भरा है कचरा,
और बाबा के सामने भी मन किसी और की माला है जप रहा।

6

अब मोह जलाना है...

ढोल-नगाड़े नहीं, अब अन्तर की रणभेरी बजानी है,
ममता, अपेक्षा, दुःख, तड़प — इन सभी की राख बनानी है।
क्योंकि यदि प्रेम हो ईश्वर से —
तो बाकी सब पड़ेगा छोड़ना
"मैं आत्मा हूँ" — बस इसी को पड़ेगा पकड़ना।

प्रकृति अब घुंघरू नहीं, रणचण्डी बन खड़ी है,
अन्तिम परीक्षा में — मोह के अश्रु नहीं,
चाहिए ज्ञान की तलवार।
जो तुझे तोड़े — वही मोह,
जो तुझे जोड़े — वही योग।

न "मेरा बेटा", न "मेरी माँ, न "मेरा पद", न "मेरा स्टेटस",
बस — मैं आत्मा, वो शिव परमात्मा — यही है करनी आख़िरी प्रैक्टिस।

कवयित्री : बी के शिवानी बहन, GHRC

मैं मुक्त मौन

सांसें भी उनकी धुन बन गई जब,
मैं और मेरा कुछ रहा नहीं अब।

जो कुछ था मेरा,
वो सब हो गया है अब तेरा।

अब उस एक के साथ मैं युक्त हूँ,
मैं और मेरे के संबंध से मुक्त हूँ।

हर भय, हर अभिलाषा से मैं मुक्त हूँ,
क्योंकि सर्वशक्तिमान से मैं युक्त हूँ।

अब मैं हूँ हर प्रश्न से, हर उत्तर से पार,
पाना था, सो पा लिया अपरमअपार।

अब न कुछ बोलना, न सिद्ध करना,
बस उनके प्यार में है खुद को डुबोना।

अब न रही कुछ पाने की चाह,
मैं मुक्त हूँ उस परम सत्य के मिलन में।

मैं मौन हूँ।
मैं मुक्त मौन हूँ।

कवयित्री : बी के दीपा बहन, नेपाल

कहो मौजी राम - सुनो मौजी लाल

कहो मौजी राम (परमात्मा)
सुनो मौजी लाल (आत्मा)

द्वापर अन्त से आत्मा मौन है बैठी,
शरीर के विकारों की पागलपंती सहती।

इन्द्रियों के सुख ने ठगा बड़ा भारी,
भीतर-भीतर जलती आत्मा बेचारी।

आहत मन से आत्मा ने लगाई पुकार,
भागे चले आए आत्मा के सरदार।

बोले - क्या हुआ बरख़ुरदार?
हम बोले - "ले चलो अब घर के द्वार"

उन्होंने दिया हमें अनुपम उपहार,
रच दिया ब्राह्मण परिवार।

कहा - बदलो आत्मा के विकारी संस्कार,
पीते जाओ मुरली शब्दों का अमृत रसदार।

पर अब भी न सुधरे मौजी लाल,
मन मचाए अपनी दुनिया में धमाल।

तभी कहे मौजी राम,
कान खोल सुन मौजी लाल।

अमृतवेला यूँ ना कर बर्बाद,
बिस्तर से इतना भी क्या है प्यार?

नहा-धोकर, मिलन मनाकर,
चेतना को फिर से ऊँचा कर।

कर्मभूमि में सेवा कर,
संगठित हो सबके संग चल।

बाबा से कर रूहानी बात,
भर ले मन में शक्ति-प्रभात।

विकारों से लड़, निज हित कर,
अपने भाग्य को श्रेष्ठ कर।

8

दैवी गुणों से प्रीत कर ,
मन के छल को दे अब हार।

तब ही बनेगा सच्चा वीर,
तब ही मिलेगा राम का द्वार।

बस इतना सा पुरुषार्थ कर,
बस इतना सा पुरुषार्थ कर।

कहे मौजी राम – समझे मौजी लाल?
हाँ, हम समझ गए मौजी राम।

बस अन्त में इतना ही कहना,
बाबा साथ सदा हमारे रहना।
मानेंगे अब हर एक कहना,
बाबा साथ सदा हमारे रहना।
बाबा साथ सदा हमारे रहना।।

कविराज : बी के सुखदेव भाई, GHRC

परम पथ

उठो आत्मन! अब समय नहीं विश्राम का,
यह क्षण है युग परिवर्तन के संग्राम का।

खुल चुका है युगान्त का द्वार – अमृतवेला,
जहाँ से प्रारम्भ होता है परम पथ का पहला रेला।

यह पथ नहीं है आसान प्रिये,
हर मोड़ यहाँ पर बलिदान लिए।

यह त्याग, तपस्या और प्रेम की डगर,
जहाँ चलता है आत्मा का सच्चा सफर।

यह पथ है ज्ञान की रोशनी का,
यहाँ ना कोई डर है खोने का।

हर सोच हो निर्मल, हर दृष्टि हो साफ,
तभी मिलेगा इस राह का इनाम।

यह योग-पथ है याद का,
यह सेवा-पथ है प्रीत का।

यह ज्ञान-पथ है दीप का,
यह निर्मल-पथ है जीत का,
यह परम-पथ है आत्म-प्रकाश का।

यह पथ शक्ति का, निडर होकर चलने का,
हर परीक्षा को पार कर, स्वराज्य में रहने का।

संघर्ष भरे क्षण यहाँ साधना बन जाते हैं,
जब इस पथ पर बाबा को साथ पाते हैं।

यह पथ ना कोई Google Map दिखाए,
ना GPS बोले "Turn Right" या "Left जाए"।

यह ज्ञान-पथ है, जहाँ Direction है भाव,
जहाँ बाबा बने Driver – और आत्मा चलाए नाव।

यह कोई हाइवे नहीं जहाँ ट्रैफ़िक-जाम,
यह ज्ञान-पथ, जहाँ खुद बाबा है राम।

न कोई टोल देना, न फ्यूल भरवाना,
बस मन के बैलेन्स से दूरी को है मिटाना।

संगमयुग का यह समय है गोल्डन ऑफर,
हर आत्मा बन सकती है डायमण्ड टॉपर।

न TDS न GST, न कोई एकाउंट एन्ट्री,
और अन्त में इसी पथ से मिलती है परमधाम की एन्ट्री।

तो चलो करें अब दृढ़ संकल्प,
यह पथ है सत्य, न कोई विकल्प।

हर सोच, हर कर्म हो बाबा के साथ,
तभी मिले सच्चे 'परम पथ' का विश्वास।

कविराज : बी के सुमित भाई, GHRC

अन्तर तप

'स्वान्ताय सुखाय' से 'दया-धरम का मूल है' की जीवंतता है अन्तर तप।

असीम आज़ादी से सार्थक स्वतन्त्रता का विवेक भी है अन्तर तप।

'परहित सरिस धरम नहीं' से 'निर्मल मन-जन' का
आत्मिक अनुभव भी है अन्तर तप।

अपना–पराया, सम्पर्क–संबंध, नॉन बीके–बीके की मानसिकता से
आत्मा तक की यात्रा भी है अन्तर तप।

क्षीण होते जगत में अक्षुण्ण रहना भी है अन्तर तप।
सम्पर्क–संबंध, चर्चा–परिचर्चा में निसंग रह,
स्वयं से सम्बद्ध रहना भी है अन्तर तप।

व्यक्ति-व्यक्तिवाद, भौतिकता–विस्तारवाद, पूंजी तथा
साम्राज्यवाद का चेतना से झर जाना भी है अन्तर तप।

स्थूलता के मानसिक दबाव से मुक्ति भी है अन्तर तप।

स्व-चिन्तन, स्व-दर्शन, स्व-परिवर्तन की
निरंतर जागरूकता भी है अन्तर तप।

चेतन, अवचेतन, अचेतन की सहजता, सरलता,
विनम्रता तक की यात्रा भी है अन्तर तप।

एकान्त से ध्यान, ध्यान से अध्यात्म, अध्यात्म से राजयोग, राजयोग से मौन,
मौन से स्वयं और स्वयं से परम तक की यात्रा भी है अन्तर तप।

भाव-जगत, वैचारिक–लोक अथवा कार्मिक सिद्धान्तों की
चैतन्य सार्थकता भी है अन्तर तप।

सब एक में है, एक में सब हैं – यही है अन्तर तप।

अन्ततः 'एक बाप दूसरा न कोई' का आत्मीकरण
– यही है और केवल यही है अन्तर तप॥

★ ★ ★

वैराग्य रस

मिला आत्मा-परमात्मा का परिचय,
मन में हुआ वैराग्य-रस का सूर्योदय।

बन गया मैं पावन हंस,
तज दिया व्यर्थ विध्वंस।

अब कर्मेन्द्रियों पर हुआ कब्जा,
प्रभु से जुड़ा सर्व संबंधों का जज़्बा।

विनाशी शरीर से अब भंग हुआ मोह,
आत्मा समझने की खत्म हुई ऊहापोह।

अब भर गई वरदानों से अपनी झोली,
ज्ञान के अविनाशी रतन बन गई टोली।

प्रभु-संग का अब हुआ है असर,
माया की जंग अब हुई बेअसर।

परिस्थितियाँ चाहे कितनी भी आयें,
मन में सदा प्रभु-प्रेम की ज्योत जगमगाये।

कलियुग-संसार से हुआ वैराग्य अविनाशी,
प्रभु-प्रेम से तृप्त हुई आत्मा प्यासी।

कविराज : बी के निखिलेश भाई, मधुबन

छूटे हर छोर

कलियुग के छूटे सब छोर,
खुशी से नाच रहा है मेरा मन मोर।

द्वापर से कलियुग तक अंधकार में सांस ली,
भगवान से मिलने की ख़बर किसी ने नहीं दी।

पतित पावनी गंगा में हमने खूब गोते लगाये,
पावन तो आत्मा हुई नहीं, गंगा को गन्दा कर आये।

मन हुआ गन्दा, तन को खूब नहलाये,
पारस से पत्थर बुद्धि जरूर होकर आये।

भक्ति के नशे में हमने भजन कीर्तन खूब गाये,
लंगर खोलना भूल गये, वहीं के वहीं पड़े रह गये।

कलियुग के अन्त में वह सुहावनी घड़ी,
स्वयं भगवान आ मिले, खुशनुमा यह कड़ी।

किनारा छोड़ने की सहज विधि राजयोग हमने सीखी,
बिना मेहनत के मोहब्बत से किनारा करने की अदा हमको मिली।

चरणों में जगह माँगी थी, दिलतख्त पर बिठा लिया,
एक पल के दर्शन माँगे थे, जीवन ही दर्शनीय बना दिया।

जन्म-जन्म की भूख मिटी, जन्म-जन्म की प्यास,
अब तो कुछ रही नहीं, कुछ पाने की आस।

12

साथ जीना, साथ रहना, साथ चलने की बारी है,
भगवान के साथ हमारी खूब अच्छी यारी है।

एक सेकण्ड भी जुदा कभी न होने का वायदा है,
हर पल साथ निभाने से फ़ायदा ही फ़ायदा है।

कलियुग के छूटे सब छोर,
खुशी से नाच रहा है मेरा मन मोर।

★ ★ ★

भाव यज्ञ

भाव यज्ञ की महाज्वाला,
आत्मा में भर रही उजाला।

प्रभु-मिलन की यह अमर कहानी,
नहीं चलेगी अब माया की मनमानी।

सम्पूर्णता की अब अलख जागे,
काम, क्रोध, लोभ—सब दबे पाँव भागे।

परमपिता का है यह भाव-यज्ञ रूहानी,
आत्मा बनती है इसमें कंचन सयानी।

यज्ञ-अग्नि में भस्म हो रहे सारे विकार,
ज्ञान की मशाल से भाग रहा अंधकार।

पुरुषार्थ की चिंगारी से भरा हर कोना,
रूह पावन हो बन जायेगी खरा सोना।

महसूस करते रहो—साथ है सर्वशक्तिवान,
तभी होगा स्वयं और विश्व का कल्याण।

भाव यज्ञ की महाज्वाला,
आत्मा में भर रही उजाला।

कविराज : बी के कुशल भाई, GHRC

दिव्य संकल्प

आओ आज हम सब मिलकर करें ये दिव्य संकल्प,

हर इंसान के चेहरे पर हो हर पल मुस्कान,
धरती का हर प्राणी गाए मधुर गान।

हर मन की मनोकामना पूरी हो,
जीवन के हर पल में खुशी और खुमारी हो।

श्रीमत पर हो इतना निश्चय कि उठे न कोई विकल्प,
आओ आज हम सब मिलकर करें ये दिव्य संकल्प।

हर दिल में दया और धर्म हो,
सबको सुख-शांति मिले, ऐसा हमारा कर्म हो।

कोई न रोए, कोई न भूखा सोए,
हर कोई सुख-चैन की बंसी बजाए।

कवि मन कहे कि सब जान लें बे और अल्फ़ ,
आओ आज हम सब मिलकर करें ये दिव्य संकल्प।

हर आत्मा बन जाए सचिन,
कोई भी न हो माया के अधीन।

14

हर मानव हो शांत और सुशील,
आए न कभी जीवन में मुश्किल।

जीवन बन जाए अब रम्या,
पड़ न पाए कभी दुःखों की छाया।

हर आत्मा ऐसे निर्लिप्त रहे जैसे जल में अरविन्द,
प्रभु मिलन की घड़ी आई, जन्म-जन्म भजकर नाम गोविन्द।

जीवन के पल हों अति मनभावन,
जैसे गर्मी के बाद आता है सावन।

इस धरा के हर तरफ हो हरियाली,
हर दिन ऐसा हो जैसे होली और दिवाली।

हर मन इतना पवित्र हो जैसे कि मन्दिर,
खुशियों का झरना बहे, जैसे यमुना नीर।

कवि का दिल कहे कि ऐसे ही रचना रचें हम हर कल्प,
आओ आज हम सब मिलकर करें ये दिव्य संकल्प।

कविराज : बी के मणि भाई, GHRC

मौन मिलन

यह मौन मिलन है
सबसे अनोखा उपहार संगमयुग का,
यही है द्वार युगांतर का, स्व और विश्व परिवर्तन का।

इस मंगल मिलन से होती है आत्मा को अपनी सत्य पहचान,
और होती है ख़ुद से मुलाकात,
जो खो गई थी जन्म-जन्म की यात्रा के दौरान।

यह मिलन ले जाता है आत्मा को सारे भय और हलचल से पार,
जहाँ होता है स्वयं की शुद्ध चेतना का साक्षात्कार।

इस मिलन से होती है आत्मा मुक्त देह और देह के बंधनों से,
उड़ती है विमुक्त होकर अहंकार और अपमान के बंधनों से।

यह मौन मिलन है सबसे अनोखा उपहार संगमयुग का,
यही है द्वार युगांतर का, स्व और विश्व परिवर्तन का।

इस श्रेष्ठ मिलन में होती है आत्मा को अपने सत्य पिता की पहचान,
जिनके लिए भटकती रही आत्मा जन्म-मरण के चक्र के दौरान।

आख़िर होती है वह इच्छा पूर्ण, जिससे हो जाते हैं और सब इच्छाओं से पार,
सर्व गुणों और शक्तियों से भरपूर आत्मा में आ जाता है निखार।

इस मिलन से मिलते हैं आत्मा को प्रभु-उपहार मुक्ति और जीवन-मुक्ति के,
बनती है आत्मा बाप समान प्रेम की मूर्ति और बन जाती निमित्त विश्व-कल्याण के।

कवयित्री : बी के दिव्या बहन, GHRC

दिव्य चेतना

बाबा के स्पर्श से रूह जगी,
दिव्य चेतना की ज्योत जगी।

आत्मा की बुझी ज्योत जगमगाई,
नई रोशनी, नई दिशा दिखाई।

बाबा के प्रेम में आत्मा झूम उठी,
दिव्य चेतना की शक्ति से जाग उठी।

माया के बंधन तोड़ दिए,
आत्मा को पंख जोड़ दिए।

संगम की बेला आई, बाबा संग मिला,
परमात्म पहचान से दिव्य फूल खिला।

दिव्य स्मृति से आत्मा पावन बन गई,
बाबा के प्रेम से ज़िंदगी सम्भल गई।

बाबा की याद में आत्मा रमी,
दिव्य चेतना की ज्योत जगी।

आदि-मध्य-अन्त का सत्य ज्ञान मिला,
जीवन को नई दिशा का प्रकाश मिला।

आत्मा, प्यारे बाबा के प्रेम में समा गई,
ऐसे दिव्य चेतना की ज्योत जगमगा गई।

बाबा के स्पर्श से रूह जगी,
दिव्य चेतना की ज्योत जगी।

कवयित्री : बी के यशोदा बहन, GHRC

मेरा बाबा

मेरा बाबा, प्यारा बाबा,
मीठा बाबा, सबका बाबा।

द्वापर से बाबा को ढूँढने में सिर खपाया,
कन्दराओं में ढूँढते रहे, मधुबन में पाया।

जो हर पल मेरे साथ है रहता,
मेरा बाबा शिव बाबा कहलाता।

ज्ञान का माखन मुझे खिलाता,
मीठी मीठी लोरी है मुझे सुनाता।

बिंदु बाबा, सिन्धु बाबा,
सबका बाबा, प्यारा बाबा।

खुशी की खान मेरा बाबा,
मेरी जान है मेरा शिव बाबा।

सबकी सद्गति करता मेरा बाबा,
खेल-खेल में पढ़ाता है मेरा बाबा।

मेरा बाबा, प्यारा बाबा,
मीठा बाबा, सबका बाबा।

कविराज : बी के चिमन भाई, मधुबन

योग सरोवर

संगम पर आत्मा लगाए योग सरोवर में गहरी डुबकियाँ,
जन्म-जन्मों की मैल धुले, मिलती अनमोल अशर्फ़ियाँ।

आत्मा डूब जाती है सागर की गहराइयों में,
ज्योति जगमगा उठती है दिव्य अनुभूतियों में।

योग सरोवर में चेतना हो जाती है तरोताज़ा,
अलौकिक शहनाइयों का गूँज उठता बैन्ड-बाजा।

अतीन्द्रिय सुख सरोवर में डूब जाती है आत्मा-रूह,
पलभर में आसमान में उड़ान भरती स्वतन्त्र रूह।

सरोवर में गहरे डूबने से मिलते हैं मोती,
आत्मा की हर एक इच्छा पूरी होती।

योग सरोवर में खिल जाते हैं आत्मा के मुरझाए फूल,
शुद्ध संकल्पों की शक्ति से आत्मा बनती पावरफुल।

आत्मा-परमात्मा का मधुर मिलन कराता है सहज राजयोग,
भस्म हो जाते हैं जन्म-जन्मों के आसुरी व कड़े संस्कारी भोग।

संगम पर आत्मा लगाए योग सरोवर में गहरी डुबकियाँ,
जन्म-जन्मों की मैल धुले, मिलती अनमोल अशर्फ़ियाँ

कविराज : बी के चन्द्रशेखर भाई, मधुबन

19

मौन वर्षा

मौन वर्षा हो रही यही तपस्या की शान है,
अगर तपस्या में निखार लाना है तो मौन में करना स्नान है।

यही मौन था ब्रह्मा बाप की तपस्या का आधार,
अगर तपस्या का आनंद लेना है तो कर लो मौन से प्यार।

मौन से विचारों का होता है श्रृंगार,
जीवन में आ जाए सद्गुणों की बहार।

मौन ही सब समस्याओं का समाधान है,
मौन ऐसी खान है जहाँ शब्दों का नहीं कोई स्थान है।

मौन तो थोड़ा भी बहुत है, जो करे वही महान है,
मौन का अभ्यास बनाता मास्टर सर्वशक्तिवान है।

"तुम हो जहान के नूर" – यह कहता कौन है?
प्रभु मिलन की प्यास, सर्वगुण, शक्तियों का अनुभव ही मौन है।

मौन को पहचान की ज़रूरत नहीं यह कौन है,
उसके इशारों से समझ में आ जाता है कि आज इसका मौन है।

कविराज : बी के छोटेलाल भाई, मधुबन

20

वैराग्य रंग

वैराग्य रंग लगे, आत्मा चमक उठे पवित्रता के रंग से,
दृढ़ता के संकल्प से स्वयं को रंग लो इस रंग से।

व्यर्थ देखने, घूमने और सुनने का संग अब छूटा,
परचिंतन वाली दुःखदायी बातों से सब किनारा टूटा।

संबंधों के साये से आया श्मशानी वैराग,
दुःख, दर्द, बीमारी से भी आया अब वैराग।

श्रेष्ठ रंग वैराग्य रंग, बाकी सब हैं बेरंग,
मैं बना वैरागी, मान–सम्मान से हुआ मोह भंग।

न मान की कोई कामना न अपमान का भय,
न कोई मीत, न शत्रु, न अपना, न कोई पराया।

बदल दिया खुद को, माया हो गई तंग,
बाबा की श्रीमत से जीवन हुआ सत्संग।

छोड़कर सब चिन्तायें, फिकर से हुए फ़ारिग,
परमात्मा का संग लगा, वैराग्य का रंग लगा।

कवयित्री : बी के त्रिवेणी बहन, मधुबन

21

योग यात्रा

योग यात्रा आत्मा को परमात्मा से मिलाती,
आत्मा को मोह की जंजीरों से छुड़ाती।

मन की चंचलता को समाप्त कर, एकाग्रता को बढ़ाती,
अंधकार को समाप्त कर, ज्ञान की रोशनी में ले जाती।

मन को अतीन्द्रिय सुख की अनुभूति कराती,
मान-शान की भूख को मिटाकर बेहद का वैरागी बनाती।

योग यात्रा आत्मा को स्वराज्य अधिकारी बनाती,
कर्म-बंधनों से मुक्त कर कर्मयोगी बनाती।

ब्राह्मण सो फ़रिश्ता और फ़रिश्ता सो देवता बनाती,
योग यात्रा पाप कर्मों को भस्म कराती।

योग यात्रा आत्मा को निर्भय बनाती,
परमात्मा के संग के रंग में रंगती।

आत्मा को दिव्य गुणों का ख़ुशबूदार फूल बनाती,
योग यात्रा दिलाराम बाप का दिलरुबा बनाती।

कवयित्री : बी के शिवकुमारी माता, मधुबन

21 कविताओं का सार

प्रभु प्रेम रस

अमृतवेला, प्रभु प्रेम का, प्रेम रस पीकर देखो,
जीवन, वासना-मुक्त बसन्त बन, प्रभु उपवन में खिलने लगेगा।

मन में मोह त्याग, संगीत बजेगा,
स्पर्शहीन अतीन्द्रिय सुख तुझको मिलेगा।

शब्दहीन साधना से, तेरा रूप प्रखर बनेगा,
मन निर्विकारी नृत्य, कालिया नाग पर करने लगेगा।

अमृतवेला, प्रभु प्रेम का प्रेम रस पीकर देखो,
जीवन, वासना-मुक्त बसन्त बन, प्रभु उपवन में महकने लगेगा।

मन में मोह-भंग मन्थन चलेगा,
तुझको "मैं मुक्त मौन" से परम रस मिलेगा।

मौजी राम की हर आज्ञा को, मौजी लाल बन तू पूरा करेगा,
परम पथ के इस दिव्य पथ पर, अन्तर तप से तेरा मन संवरने लगेगा।

अमृतवेला, प्रभु प्रेम का प्रेम रस पीकर देखो,
जीवन, वासना-मुक्त बसन्त बन, प्रभु उपवन में निखरने लगेगा।

22

वैराग्य रस तेरे जीवन में होगा,
माया का हर छोर तेरा छूटेगा।

नित नए-नए तुझे अनुभव देगा,
भाव-यज्ञ के अग्निकुन्ड में दिव्य संकल्प उमड़ने लगेगा।

अमृतवेला, प्रभु प्रेम का प्रेम रस पीकर देखो,
जीवन, वासना-मुक्त बसन्त बन, प्रभु प्रेम से भरने लगेगा।

मौन मिलन कर, मन आनंद से भरेगा,
दिव्य चेतना में एक बाबा होगा।

योग यात्रा में वैराग्य रंग होगा,
योग सरोवर में मन-हंसा राजा मौन वर्षा को पाने लगेगा।

अमृतवेला, प्रभु प्रेम का प्रेम रस पीकर देखो,
जीवन, वासना-मुक्त बसन्त बन, प्रभु उपवन में खिलने लगेगा।

कविराज : बी के पुरुषोत्तम भाई, मधुबन

स्नेह दीप

अज्ञान को मिटाता है, ये स्नेह का दीप,
और जीवन बनाता, एक दिव्य संदीप।
दिव्य संदीप है ये, स्नेह दीप है...

दुनिया में हैं स्नेह के असंख्य स्वांग,
सच्चे स्नेह ने बनाया, मुझे तेरा अर्धांग।
जब मैं गिरी, तूने उठाया प्रेम से,
तेरी वाणी से जगी आत्मा अज्ञान से।

तेरे स्नेह में डूबी, मैं हूँ तेरी मीरा,
तेरा संग लाया, जीवन में नया सवेरा।
तुमसे हुआ निश्चल स्नेह का अनुभव,
सज गया जीवन में खुशियों का वैभव।
दिव्य संदीप है ये, स्नेह दीप है...

तेरी यादों में बहते स्नेह के मोती,
मन-मन्दिर में जले जैसे एक ज्योति।
तेरे संग से बहे जीवन में स्नेह की महक,
तेरी यादों से छायी हृदय में सदा चमक।

अपने स्वामी पर यह जोगिन, कर गई जीवन समर्पण,
हमारी जोड़ी हो जैसे—एक रूप, तो दूजा उसका दर्पण।
दिव्य संदीप है ये, स्नेह दीप है...

कवयित्री : बी के रम्या बहन, GHRC

शांतिकुंज

हो पवित्र घर-द्वार हमारा, मिलकर इसे संवारें,
शांतिकुंज है रम्य सुहावन, इसको और निखारें।

शांतिकुंज ही अपना घर है, हम सब का गुरुद्वारा है,
इस आंगन में रहने वाला प्राणों से भी प्यारा है।
आओ हम सब मिल-जुलकर अपना गुरु धाम संवारें,
शांतिकुंज है रम्य हमारा, इसको और निखारें।

रहे गंदगी नहीं कुंज में, आँगन-गलियाँ पावन हों,
सुरभित रहें दिशाएँ सारी, हर क्यारी अभिभावन हो।

करें व्यवस्थित अवशेषों को, सबसे सींच संवारें,
शांतिकुंज है रम्य सुहावन, इसको और निखारें।

कवयित्री : बी के मंजू बहन, मधुबन

जीवन साधना

जीवन एक अनमोल तोहफ़ा है,
साध लो साधना के बल से, इसे यूँ ही न गँवाओ।

यह है सच्ची साधना, यह है सच्ची साधना.....

यह प्यार है, त्याग है, तपस्या है।
न कोई ग़म है, न कोई उदासी, बस चलता रहे, बस चलता रहे।

यह है सच्ची साधना, यह है सच्ची साधना.....

हारो ना, रुको ना, यह एक चलता सफ़र है।
यह पानी के जैसा निर्मल है,
फूलों के जैसा ख़ुशबू वाला है, हवा के जैसा हल्का है।

यह है सच्ची साधना, यह है सच्ची साधना.....

खुला आसमान है, धरती है सुहानी,
पंख हैं ख़ुशी के, उड़ने को हैं तैयार।
तपस्या की अग्नि जला लो, सब है आसान।

यह है सच्ची साधना, यह है सच्ची साधना.....

कविराज : बी के बृजेश भाई, सूरत

26

तप शिखा

तप है हिमालय की ऊँची शिखा,
तप से हमें चित्र में विचित्र दिखा।

तप है तिमिर में जागती ज्योति,
तप से हर आत्मा की प्यास बुझती।

तप है सरिता की बहती धारा,
तप से धुलता है पाप हमारा।

तप है ज्ञान-नेत्र का अंजन,
तप से होता है आत्म-रंजन।

तप है ऋतुओं में ऋतुराज बसंत,
तप से आती है जीवन में सुगन्ध।

तप है पेड़ों में चन्दन,
तप है हमारे दिल का स्पंदन।

तप है सरोवर में खिलता कमल,
तप से होता है सबका मन निर्मल।

तप है इस जीवन का सार,
तप से ही मिलता प्रभु-प्रेम अपार।

तप है इस जीवन का आधार,
तप से ही होगा इस जग का उद्धार।

तप से मिलता कारूँ का खज़ाना,
आ जा तपस्वी! कर ले तप,
– छोड़ो यह ज़माना, छोड़ो यह ज़माना।

कविराज : बी के विक्रम भाई, बोकारो, झारखण्ड

सत्य प्रकाश

सत्य प्रकाश से सच्चा ज्ञान मिला,
सत्य प्रकाश से सच्चा मित्र मिला।

सत्य प्रकाश से सच्चा संगठन मिला,
सत्य प्रकाश से सच्चा बाप मिला।

सत्य प्रकाश से सच्चा संसार मिला,
सत्य प्रकाश से सच्चा संबंध मिला।

सत्य प्रकाश से सच्चा वातावरण मिला,
सत्य प्रकाश से सच्चा मधुबन मिला।

सत्य प्रकाश से सच्चा संगमयुग मिला,
सत्य प्रकाश से सच्चा नज़रिया मिला।

सत्य प्रकाश से सच्चा परिवार मिला,
सत्य प्रकाश से सबको स्वीकार किया।

सत्य प्रकाश से खुद को चेक करने का अवसर मिला,
सत्य प्रकाश से करुणा का भाव प्रकट हुआ।

सत्य प्रकाश से निरंतर सच्चा प्यार मिला,
सत्य प्रकाश से सबका सत्कार मिला।

कविराज : बी के नागराज भाई, मधुबन

अग्निपथ

यह गुप्त साधना का है पथ,
हर श्वास यहाँ अग्नि की कसौटी।
कभी तपस्या, कभी संघर्ष,
तो कभी आत्मा की मौन ज्योति।

अग्निपथ पर कदम बढ़ाना है,
भय और मोह सब त्याग जाना है।
काँटे चुभें या आँधियाँ उठें,
सत की इस ज्योति को
हर दिल में जगाना है।

यह योग अग्नि नहीं केवल जलाती,
यह शुद्ध भी करती हर कण-कण।
जो भीतर के अंधकार को मिटा दे,
है यही, अग्निपथ का अमर प्रण।

यह अग्नि करती वासनाओं को भस्म,
यह अग्नि करती अहंकार का अन्त।
जो इस मार्ग पर चलता दृढ़ता से,
वह पा लेता परमात्मा का अन्त।

अग्निपथ पर तू नहीं अकेला,
बापदादा स्वयं संग-संग चलते।
हर आँसू को मोती बनाते,
हर पीड़ा को सहज ही हरते।

यह पथ कठिन है, पर है अमर,
यही मुक्ति का सच्चा द्वार।
अग्निपथ ही साधक की पहचान है,
यही ब्राह्मण जीवन का आधार।

चल निडर हो, ओ अग्निवीर,
अग्निपथ ही है तेरी तक़दीर।
जहाँ अन्त में न कोई दुःख, न भय,
केवल परमात्मा का अमर आश्रय।

कविराज : बी के श्रीकांत भाई, गोंदिया, महाराष्ट्र

वाणी में विष

ब्राह्मण होकर वाणी में विष क्यों रखते हो भाई?
मधुर बोल की धारणा से कर लो सच्ची कमाई।

वाणी में विष तो असुरों की पहचान है,
अपने आप को देख तू, क्यों बन रहा इतना अनजान है?

इस विष से खो देगा तू जन्मों की राजाई।
ब्राह्मण होकर वाणी में विष क्यों रखते हो भाई?
मधुर बोल की धारणा से कर लो सच्ची कमाई।

ईर्ष्या-द्वेष के शब्दों से दूसरों का मन घायल हो जाता है,
ऐसा पाप करके, फिर भी तू क्यों इतना इतराता है?

उठो, जागो मेरे भाई, मत कर बाबा से चतुराई।
ब्राह्मण होकर वाणी में विष क्यों रखते हो भाई?
मधुर बोल की धारणा से कर लो सच्ची कमाई।

वाणी के तीर ऐसे, जो तेरे विकर्म बनाते हैं,
मधुर बोल वो मरहम, जिससे घायल मन हर्षाते हैं।

अब तो व्यक्त से अव्यक्त बनने की शुभ घड़ी है आई।
ब्राह्मण होकर वाणी में विष क्यों रखते हो भाई?
मधुर बोल की धारणा से कर लो सच्ची कमाई।

कवयित्री : बी के रूबी बहन, बहादुरगढ़

शिव रस

संगमयुग की शुभ वेला है आई,
शिव रस पीने की जिसमें ड्रामा ने नूँध कराई।

सभी रसों में श्रेष्ठ है यह शिव रस,
नारायणी नशे में ले जाता है यह स्नेह रस।

जो आत्मा इस रस को पीना सीख जाती है,
वह आत्मा फिर दुःख-तकलीफ़ कभी नहीं पाती है।

शिव रस आत्म-स्मृति दिलाता,
आत्मा का सोया भाग्य जगाता।

आत्मा जो विकारों में गिरकर बन गयी थी तमोप्रधान,
यह शिव रस बदलकर बनाता है उसे सतोप्रधान।

इस रस में जो आत्मा डूब जाती,
स्वर्ग में वही अमर पद पाती।

शिव रस पीने का जब आता है चाव,
प्रत्यक्ष होता हमारा आदि का भाव, भावना और स्वभाव।

शिव रस अन्तर्मुखता का पाठ पढ़ाकर एवररेडी बनाता,
सेवाओं में उमंग-उत्साह बढ़ाकर ऑलराउन्डर बनाता।

यह शिव रस दिलाता है स्वराज्य,
जिसके दम पर मिलता है फिर विश्व का राज्य।

शिव रस पीने से जब चढ़ती है खुमारी,
पुरुषार्थी बन जाता है निराकारी, निर्विकारी, निरहंकारी।

कवयित्री : बी के रीता बहन, बेंगलुरु

आनंद रस

दे दे दीदी-दादी का संग दे दे,
दे दे मन में नवरंग दे दे।

रास रचैया का मधुबन दे दे,
मन में सेवा की उमंग दे दे।

बाबा रे... मुझे आनंद रस दे दे।

गोपी-वल्लभ का संग दे दे,
मन में अमृतवाणी का मधुमास दे दे।

तपस्वियों सी मौन मुस्कान दे दे,
बंजर भूमि पे पड़ती स्वाति की बूँद दे दे।

बाबा रे... मुझे आनंद रस दे दे।

रसगुल्ले सी आनंद की चाशनी में डूबती जाऊँ,
गोताखोर बन आनंद के रत्न अपने मुकुट में लगाऊँ,
मीराबाई बन गली-गली तेरे प्रेम की धुन रमाऊँ,
बन बावरी मेरा बाबा कह जग पे छा जाऊँ।

ऐसी आनंद की फुहार दे,
मन में प्रभु-प्रेम की झंकार दे।

राग-द्वेष, हानि-लाभ में समभाव पाऊँ,
इच्छा मात्रम् अविद्या बन, विश्व में तेरे नाम का डंका बजाऊँ।

बाबा रे... मुझे आनंद रस दे दे।

कवयित्री : बी के गरिमा बहन, रानीबाग

स्मृति में खरोंच

स्मृति की धरनी पर आ गई थी जो खरोंच,
वो केवल पीड़ा नही थी, थी ईश्वर की खोज।

स्मृति से आई जागृति, विस्मृति में था अन्धियारा,
स्मृति में खरोंच आने से ही, धुंधला लगता था जीवन सारा।

जब योग की ज्योति जगा, तब मोह का अंधकार मिटा,
तब हर खरोंच प्रेमरस बनकर, प्रभु प्रेम से मिटने लगी।

जब आत्मा परमात्मा का मिलन होने लगा,
तब हर दर्द, एक मधुर संगीत सा अनुभव होने लगा।

स्मृति में खरोंच लगी थी, देहभान की,
स्मृति में खरोंच लगी थी, देह अभिमान की।

ये अब मिट रही है, मलहम लगने से शिव नाम की।

स्मृति में खरोंच थी, जन्म जन्मान्तर से विषय वासना की,
स्मृति में खरोंच थी, नाम-मान-शान की।

ये अब मिट रही है, मरहम लगने से शिव नाम की।

स्मृति में खरोंच थी, व्यर्थ संकल्पों की,
स्मृति में खरोंच थी, पुराने स्वभाव, संस्कारों की।

ये अब मिट रही है, मलहम लगने से शिव नाम की।

कवयित्री : बी के प्रीति बहन, नरसिंहपुर

योग अग्नि

बाबा कहते मेरे लाडलों,
स्थूल अग्नि हो जाए ज़्यादा,
तो बन जाती खतरनाक,
पर ये योग अग्नि जितनी हो ज़्यादा,
करती चमत्कार।
मेरे लाडलों.....

बाबा कहते मेरे लाडलों,
योग अग्नि तुम करो प्रज्वलित,
ये योग अग्नि करती चमत्कार।
मेरे लाडलों....

बाबा फिर कहते –
कान खोलकर सुनो,
मेरे लाडलों,
क्या करती चमत्कार?

कर्मेन्द्रियों को शीतल कर,
कर्मेन्द्रियजीत बनाती है।
मेरे लाडलों.....

विकर्मों का विनाश कर,
विकर्माजीत बनाती है।
मेरे लाडलों......

विकारों का विनाश कर,
निर्विकारी बनाती है।
मेरे लाडलों....

पापों को भस्म कर,
बोझमुक्त बनाती है।
मेरे लाडलों......

अन्तर्मन के कचरे को भस्म कर,
समर्थी का ताज पहनाती है।
मेरे लाडलों......

पतितपने का कर विनाश,
सम्पूर्ण पावन बनाती है।
मेरे लाडलों......

पुराने संस्कारों का कर परिवर्तन,
बाप समान बनाती है।
मेरे लाडलों.....

ये योग अग्नि तो कल्याणकारी है,
कलयुगी जंगल को सतयुगी
बगीचा बनाती है।
मेरे लाडलों—

कवयित्री : बी के सोनिका बहन, शालीमार बाग, नई दिल्ली

34

समय का अपमान

समय सर्वश्रेष्ठ है, परमात्मा का यह वरदान,
जो करे इसका अपमान, रह जाए उसका देह-अभिमान।

शमा की लौ-सा है प्रभु का प्रकाश,
परवाना-सा समर्पण, दूर रखे भोग-विलास।

ब्राह्मण बनकर भी न देना श्रीमत पर ध्यान,
समय का अपमान ही श्रेष्ठ संगम का अपमान।

कमल-सा खिले जीवन, निर्मल और पवित्र,
सदा बाप के संग रहकर फैलाओ दिव्य इत्र।

ब्रह्मा तन पर बैठ दिया सत्य का संदेश,
पावन समय का मान ही है प्रभु-प्राप्ति का प्रवेश।

★ ★ ★

कवयित्री : बी के रूचिका बहन, रांची, झारखंड

भावनाओं की अशुद्धि

मुस्कान होठों पर, पर मन में काँटे,
बाहर मधुर वचन, भीतर में हैं कटु बातें।
कोई आगे बढ़े तो मन जलने लगे,
पैरों में बंधन डाल रोकने लगे।

जहाँ होना था स्नेह, वहाँ तुलना की दीवार,
जहाँ होना था सहयोग, वहाँ मतभेद की मार।
पंचायतें सजती हैं मीठे मुखौटों के साथ,
पर भीतर खिंचते रहते हैं द्वेष के हाथ।

कहते हैं – "ये भाई/बहन बड़ा श्रेष्ठ है",
पर मन ही मन सोचते – "मुझसे कोई बेहतर कैसे है?"
फिर शुरू हो जाती है वह छिपी होड़,
दूसरों को गिराकर, खुद को ऊपर करने की दौड़।

यही है भावनाओं की अशुद्धि का जाल,
जो अध्यात्म के पथ पर भी कर देता है बवाल।
बाहरी दिखावे से कोई आध्यात्मिक नहीं होता,
मन की सच्चाई ही असली दर्पण होता।

35

शुद्धि के उपाय?

जब भी भीतर जलन की चिंगारी उठे,
तो पहचानो – "ये मेरी कमज़ोरी है और मुझे ही सुधरना है।"
दूसरे की सफलता में अपना उत्सव देखो,
उनकी ऊँचाई में अपने कर्म का प्रताप लिखो।

मीठे बोल में सच्चाई की मिठास भरो,
न कि दिखावे की खोखली मिठास करो।
सच्चा साधक वही,
जो दूसरों की उन्नति में अपनी प्रसन्नता पाए,
और द्वेष की दीवारों को प्रेम से गिराए।

36

सेवा में दिखावा

दिखावे वाली सेवा से मिल जाता है अल्पकालीन नाम, मान और शान,
कभी गुप्त सेवा करके तो देखो, बन जाओगे ब्रह्मा बाप समान।

"मैंने इतनी सेवा की, उतनी सेवा की" – क्यों इस भाव में जिये जा रहे?
अरे, कराने वाला करा रहा है, करनहार हम किये जा रहे।

सेवा के आटे में साधना का नमक मिलाना ज़रूर,
तब मिलेगा सेवा का प्रत्यक्ष फल और आप हो जाएँगे खुशियों से भरपूर।

"बेंगलुरु की सेवा कैसी थी?" – किसी ने मम्मा से यह प्रश्न उठाया।
"सेवा अच्छी थी" – बस इतना कहकर मम्मा ने फुलस्टॉप लगाया।

दिखावे वाली सेवा, सेवा नहीं, बोझ है;
नि:स्वार्थ सेवा तो संगमयुग की मौज है।

सेवा में दिखावा करो ना भाई, इससे न होती आत्मा की कमाई।
निमित्त, निर्माण और निर्मल वाणी – दादी जी के कर्मों ने हमें सिखाई।

कविराज : बी के सूरज भाई, समस्तीपुर, बिहार

37

मन की मलिनता

चैतन्य अभिव्यक्ति का प्रथम सोपान है मन।
संकल्प से विचार,
विचार से भाव,
भाव से सम्वेदना,
सम्वेदना से चैतन्य की यात्रा है मन।

स्व पर आवरित चित्त,
चित्त पर आवरित मन,
विभिन्न आवरणों से विमुक्त चैतन्य।

विमलता प्रमाण, अतिथि हैं हम,
स्वीकार केवल परम...

कविराज : बी के अखिल भाई, GHRC

38

ईश्वरीय प्रेम का उपहार

जग सोया, पर मैं जाग उठा, बाबा की याद में मन भाग उठा,
हर धड़कन बने प्रेम का तार – अमृतवेला का यही उपहार।

जब थक जाए मन, जीवन हारे, बाबा की याद हमें सम्भाले,
उसके स्नेह का अद्‌भुत संसार – अमृतवेले का यही दिव्य उपहार।

ब्रह्मा बाबा की सीख अमिट रहे, दादियों के संस्कार सदा संग रहे,
जो अमृतवेला जागे हर बार – वो पाए बाबा का अनोखा उपहार।

भोर की घड़ी जब सब सो जाते, सच्चे साधक उठ याद में समा जाते,
ब्रह्मा बाबा ने बच्चों को सिखाया, अमृतवेला का राज़ बतलाया।

रात्रि की चादर जब तारे सजाते, चाँद अपनी कोमल किरणें लुटाते,
उस घड़ी आत्मा का गगन में उड़ना – शिवबाबा की गोदी में जाकर जुड़ना।

रात की नीरवता में, जब चाँदनी मुस्काए, सुनहरी प्रभा संग आत्मा जागे और गाए,
ठंडी हवाओं में छिपा है एक पुकार – "आओ लाडले बच्चे, ले लो मेरा प्रेम उपहार।"

अमृतवेला – संगम का ताज, जहाँ पर आत्मा पाए अपना राज़,
तेरा प्यार ही सबसे बड़ा आधार, ओ शिवबाबा, तेरा ही उपहार है।

कविराज : बी के अक्षय भाई, नोएडा, उत्तर प्रदेश

अन्तर्नाद

तमस से है तुम्हारा इन्तज़ार,
न आये प्रियतम हमार,
दिल रोये ज़ार-ज़ार,
कैसे करूँ मैं श्रृंगार?

विरह की अग्नि है,
प्रतीत हो, प्रकृति भी रोई है,
अश्रुजल से नैना भिगोई है,
क्या तूने भी अपलक रात गँवाई है?

पंचतत्व की ये काठी,
कहती–जन्म-जन्म की तेरी सहपाठी,
पाठ निभाया है आजन्म,
एक-दूसरे के पूरक हैं हम।

पिंजरे को तोड़ अब हुई आज़ाद,
शिव साजन, सुन मेरा अन्तनदि।
शिव साजन, सुन मेरा अन्तनदि।

कवयित्री : बी के वन्दना बहन, पटना, बिहार

मौन संवाद

इशारों, हाव-भाव रहित भावनाओं का आत्मा से संवाद सुनो,
आत्मा परमात्मा के नि:शब्दों की गहन अनुभूतियों का संवाद सुनो।

गूढ़, गुह्य, सूक्ष्म नि:शब्द होते हुए भी जादू-सा कर जाता है,
दिल के तार-तार को छेड़, सूक्ष्मता और गहराई से भर जाता है,
मनमीत के लिए मन का गीत है – ये संवाद सुनो।

ज्योति-बिंदु से ज्योतिबिंदु-बिंदु मिल जाए,
तो मौन में ही प्रेम-सागर उमड़ आए,
इस सागर की स्नेह- बूँदों से
मन बेहद में विचर आए,
अलौकिक शक्तियों की परस्पर
प्रेममई तान सुनो।

मौन संवाद सावन की बारिश-सा भिगो देता मेरे मन-कपाट,
मौन संवाद का बजता सदा मेरे मन में अनहद नाद,
सुनो, सुनो – ये सावन की फुहार सुनो।

आँखे बन्द, मधुर प्रकाश का झरना –
जैसे कोई अदृश्य हाथ थके हुए मन को सहलाता है,
सत्य-तरंग हृदय में झरती, अमृत-रस से मन हर्षाता है,
सुनो, सुनो – ये खुशी का राग सुनो।

40

स्वर्ण-पुष्प खिल जाता है,
दिल पर मंत्रमुग्ध अतीन्द्रिय सुख की छाप लगा जाता है,
मन स्वर्ण-कमल पुष्प समान खिल जाता है,
सुनो, सुनो – मन का प्रेमालाप सुनो।

कर्म-बंधन ढीले पड़ जाते, पीड़ा में भी मन रम जाते,
तेरे ज्ञान-प्रकाश से विष भी अमृत-प्याले बन जाते,
सुनो, सुनो – ये अनूठा मार्गदर्शन सुनो।

शाब्दिक संवाद से श्रेष्ठ परस्पर मौन संवाद
सृजन का संदेश सुनता है,
मौनी अमावस्या को भी रूप वसंत सा कर जाता है,
सुनो, सुनो – ये मौन संवाद।

कवयित्री : बी के सुगुना बहन, पटना, बिहार

कर्म बंधन

कर्म के बंधन तोड़ प्राणी,
ईश्वर से संबंध जोड़,
ज्ञान, योग के पथ पर चल,
दुनिया से मुख मोड़, दुनिया से मुख मोड़।
कर्म के बंधन तोड़ प्राणी, ईश्वर से संबंध जोड़।

लगते हैं मीठे-मीठे,
अपने हैं अहसास दिलाते,
पर जब उनमें फँस जाते हैं,
तब प्राणी महसूस करे,
संबंध नहीं, ये बंधन है,
माया का ये जंजाल है।
कर्म के बंधन तोड़ प्राणी, ईश्वर से संबंध जोड़।

जग में आए, संबंध बनाए,
खुशियों की महफ़िल सजाए,
माता-पिता, बन्धु-सखा,
सब अपने हैं अहसास दिलाए,
पर जब पल आए संबंध निभाने,
सबने लिए अपने मुख मोड़।
कर्म के बंधन तोड़ प्राणी, ईश्वर से संबंध जोड़।

41

कर्म के बंधन भरमाते,
कुछ करने को आतुर करते,
पर पंछी जब फँस जाता है,
मन से व्याकुल हो जाता है,
मुक्ति की चाहत को लेकर,
प्रभु से लगाए डोर।
कर्म के बंधन तोड़ प्राणी, ईश्वर से संबंध जोड़।

कर्म-क्षेत्र पर खेल खेलने आए बड़े उमंग से,
पर कब बंधन बना दिए, बिल्कुल इससे अंजान थे,
बंधन, बंधन करते प्राणी, भटक रहे चहुँ ओर।
कर्म के बंधन तोड़ प्राणी, ईश्वर से संबंध जोड़।

कर्मों की जो गति को जाने,
ईश्वर की सन्मति पहचाने,
तोड़ के बंधन की बेड़ी को,
आत्म-पंछी आज़ाद हुए,
नीले गगन में उड़ते पंछी, वाह-वाह के गुण का करे शोर।
कर्म के बंधन तोड़ प्राणी, ईश्वर से संबंध जोड़।

कविराज : बी के अरविन्द भाई, मधुबन

वैराग्य पुष्प

युगांतर का द्वार अमृतवेला भट्ठी से वैराग्य के पुष्प खिले,
जीवन में खुशहाली आयी, श्रेष्ठ स्थिति सौगात में मिली।

क्यों, क्या, कहाँ की उलझन से मिला है हल,
बाबा से असीम प्यार मिला, पुरुषार्थ में मिला अधिक बल।

खुद को देख, ख़ुदा को देख – यही है बाबा का कहना,
एक बाप, दूसरा न कोई – यही है दिल की चाहना।

परचिंतन, परदर्शन, परमत में नहीं कोई फायदा, मेरे भाई,
याद, सेवा, स्वचिंतन में सारी कमाई है समाई।

ज्ञान, योग और निःस्वार्थ सेवा बढ़ाता जीवन में विराग,
स्वार्थ, लगाव, झुकाव, आकर्षण – सब से मिटता राग।

वस्तु, वैभव, पदार्थ – ये सब हैं उपयोग के साधन,
इन सब के वशीभूत हो, न कर तप का अनादर।

बाबा मिला, मुरली मिली और मिला मधुबन,
पाना था, वो पा लिया, जीवन बन गया उपवन।

कविराज : बी के आशीष भाई, मधुबन

आचरण में असावधानी

आचरण में असावधानी कभी ना करना रे,
आचरण है दिव्य गुणों का दिव्य गुलदस्ता रे,
आचरण की पहली सीढ़ी ज्ञान माँ होती है,
जो अपने व्यवहार से ब्रह्मा माँ द्वारा शिव पिता सिखाते हैं,
यह ब्राह्मण परिवार ही करता चरित्र का नवनिर्माण है।
आचरण में असावधानी कभी ना करना रे।

दूजा आचरण निर्माण यह मुरली है,
मुरली ही शिक्षा देती,
सीखकर मुरली से अपने जीवन में रत्न धारण करना है,
मनुष्य से देवता बन संस्कार बदलने का हुनर शिव बाबा सिखाते हैं,
शिव पिता की मिलती छत्रछाया है।
आचरण में असावधानी कभी ना करना रे।

तीजा आचरण पवित्रता से निराकारी, निर्विकारी, निरहंकारी बनना है,
हे आत्मन, जीवन बड़ा ही सुन्दर है,
रहना हमें मर्यादा के अंदर है,
खुद ही खुद की स्थिति का शिल्पकार है।
आचरण में असावधानी कभी ना करना रे।

चौथा आचरण सेवा है, यह संकल्प, यह श्वास, यह सम्पत्ति,
जीना मेरे बाबा के लिए, क्योंकि सेवा से मिलती
दिल से दुआ और दुआ ही बनती दवा है।
आचरण में असावधानी कभी ना करना रे।

43

पाँचवाँ आचरण सफर में अगर चलाया वाहन,
वाहक लापरवाही से तो होता उसका भी आपघात है,
जीवन में अगर करो अपनी जीवन यात्रा सावधानी से,
तो बचोगे सारे माया के घेरे से।
आचरण में असावधानी कभी ना करना रे।

बाबा ने तुझे सब कुछ सौंपा है, चाहे जीवन जैसा बना ले,
कर्म का हिसाब भी तुझे ही चुकाना है।

आचरण में असावधानी कभी ना करना रे।।

★ ★ ★

कवयित्री : बी के वर्षा बहन, GHRC

समय का सम्मान करो

हीरे से भी अमूल्य यह वक्त है, इसका अपमान न करो मेरे भाई,
जीवन में साधना करके कर लो, अभी जन्म-जन्म की सच्ची कमाई।

शिव रस पीने पिलाने का वक्त अभी है,
आनंद गंगा में डूब जाने का वक्त अभी है,
प्रभु प्रेम का उपहार पाने की,
बज रही है चहुँ ओर शहनाई।

सेवा में दिखावा न करो मेरे भाई,
अग्निपथ पर चलकर ही, मिलती है राजाई,

हीरे से भी अमूल्य यह वक्त है, इसका अपमान न करो मेरे भाई,
जीवन में साधना करके कर लो, अभी जन्म-जन्म की सच्ची कमाई।

अभी ही योग की अग्नि में तप के,
मन की मलिनता निर्मल हो सकती है,
मौन संवाद प्रभु पिता से करके,
स्मृति के सारे खरोंच दूर हो सकते हैं।
अंतर्नाद की ध्वनि से,
भावनाओं के शुद्धिकरण की घड़ियाँ हैं आई।

आचरण में असावधानी न करो मेरे भाई,
इसी से कर्म बंधन पर पड़ती है परछाई।

44

हीरे से भी अमूल्य यह वक्त है, इसका अपमान न करो मेरे भाई,
जीवन में साधना करके कर लो अभी जन्म-जन्म की सच्ची कमाई।

अभी ही हृदय में स्नेह दीप जगाकर,
वाणी का विष मिटाने का समय है,
तप शिखा की ज्वाला से,
सत्य प्रकाश फैलाने का समय है।
शांतिकुंज के उपवन में,
वैराग्य पुष्प खिलने की बाँसुरी दे रही है सुनाई।

अग्निपथ पर चलकर ही, मिलती है राजाई,
हीरे से भी अमूल्य यह वक्त है, इसका अपमान न करो मेरे भाई।
जीवन में साधना करके कर लो, अभी जन्म-जन्म की सच्ची कमाई।

अग्निपथ पर चलकर जिसने अब जो है पाई
जीवन साधना में वो अब हैं दिखाई

हीरे से भी अमूल्य यह वक्त है, इसका अपमान न करो मेरे भाई।

★ ★ ★

कविराज : बी के पुरूषोत्तम भाई, मधुबन

संस्कारों की सलवटें

संस्कारों की सलवटें हटाना एक क्रान्ति है,
जिससे ही आती जीवन में शांति है।

ये हटती नहीं, ये मिटती नहीं, यही एक भ्रांति है,
संस्कारों की सलवटें हटाना एक क्रान्ति है।

ये जलती नहीं, ये बदलती नहीं,
इस महापरिवर्तन के लिए चाहिए गहन शांति है,
संस्कारों की सलवटें हटाना एक क्रान्ति है।

मिटानी हैं, जलानी हैं, योग-ज्वाला से शुद्धता लानी है,
संस्कारों की सलवटें हटाना एक क्रान्ति है।

संस्कारों की सलवटें मिटानी हैं, राजयोग के तप से राह सजानी है,
संस्कारों की सलवटें हटाना एक क्रान्ति है।

संस्कारों की सलवटें बन जाएँ एक कहानी, परिवर्तन-शक्ति से दिव्यता आनी है,
संस्कारों की सलवटें हटाना एक क्रान्ति है।

प्रभु-प्रेम में यह राह सुहानी है, इनको मिटाना जैसे बहता पानी है,
संस्कारों की सलवटें हटाना एक क्रान्ति है।

कवयित्री : बी के महिमा बहन, विष्णुपुरी, अलीगढ़

मंच की मोहकता

दुनिया के इस रंगमंच पर हम सब हैं कलाकार,
पार्ट बजाते अपना-अपना, निभा रहे किरदार।

नहीं मंच से मोह मुझे, यह तो बाबा की सेवा है,
मेरा मंच तो परमधाम है, सुख-शांति ही मेवा है।

देहभान से न्यारा होकर जाना है बेहद के पार,
दुनिया के इस रंगमंच पर हम सब हैं कलाकार।

मंच की मोहकता को छोड़, सुनहरी ज़ंजीरो को तोड़,
मान-शान की नहीं है इच्छा, नहीं तालियाँ बजवाने की होड़,
शांतिधाम में जाना मुझको, जहाँ मिलता है सुख अपार,
दुनिया के इस रंगमंच पर हम सब हैं कलाकार।

यह मंच बड़ा सुहाना है, इससे मोह छुड़ाना है,
ज्ञान-गुणों के मोतियों से आत्मा को सजाना है,
मोहजीत बनने का प्रण है, माया से नहीं खानी हार,
दुनिया के इस रंगमंच पर हम सब हैं कलाकार।

मैं निमित्त हूँ, निर्मानि हूँ, सर्वगुणों की खान हूँ,
इस दुनिया से अंजान हूँ, इसलिए बाबा की शान हूँ,
कर्म बने जब योगयुक्त, तो जीवन नैया हो जाए पार,
दुनिया के इस रंगमंच पर हम सब हैं कलाकार।

मंच नहीं, यह खेल है,
जहाँ होता आत्मा-परमात्मा का मेल है,
न्यारी भी बनूँ, प्यारी भी बनूँ,
शिव पिता की दिल की दुलारी भी बनूँ,
यही तमन्ना रहती दिल में, करती रहूँ बाबा से प्यार,
दुनिया के इस रंगमंच पर हम सब हैं कलाकार।

★ ★ ★

कवयित्री : बी के कविता बहन, विष्णुपुरी, अलीगढ़

47

सेवा में स्वार्थ

सेवा जब स्वार्थ से रंग जाती,
तो पुण्य की खुशबू खो जाती।

जब दिखावे का दीप जलता है,
तब आत्मा का अंधेरा बढ़ता है।

सच्ची सेवा है निर्मल धारा,
जैसे अंबर में चमके सितारा।

सेवा समर्पण का गीत है,
यह आत्मा का सच्चा मीत है।

स्वार्थ जलाता है, सद्गुण के बीज को,
सच्चाई से भर दो, हर कर्म की नींव को।

निष्काम सेवा है आत्मा का मोती
जो जग को दे अमर प्रेम की ज्योति

कवयित्री : बी के रम्या बहन, GHRC

48

नेत्रों की नकारात्मकता

नेत्रों की यह नकारात्मकता,
इसमें भी है विविधता,
कभी आती है अच्छाई बनकर,
कभी आती है घृणा और नफ़रत बनकर।

कभी लेती है रूप दोष-दृष्टि का,
कभी कमी-कमज़ोरी देखने का,
पर यह सब है परदर्शन और
खेल बाह्यमुखता का,
आत्मा को गिराने का है
सब जाल माया का।

अब सम्भालो आत्मन, स्वयं को इस धोखे से,
क्योंकि मिला है वरदान तुम्हें प्रभु से—
दिव्य-दृष्टि और दिव्य-नेत्र का इस जन्म में।

शक्ति है सृष्टि को बदलने की जिसमें,
तो कर प्रयोग इस उपहार का
प्रति पल जीवन में।
अब करना है धरती को पावन,
समाकर पवित्रता हर नज़र में।

देखो,
चैतन्य मस्तक-मणि आत्मा,
जो विराजमान है सभी में,
इससे आती है समता,
ममता और महानता व्यवहार
में।

रुहानी दृष्टि से दूर हो जाते हैं
अनेकों के दुःख,
श्रेष्ठ भावना से कर पाएँगे
आत्माओं को भरपूर।

होंगे प्रत्यक्ष बाप-दादा,
जैसे इन आँखों में नूर,
दिखाएँगे मार्ग भटके हुए को
और पहुँचाएँगे सबको
निर्वाण और बेगमपुर।

कवयित्री : बी के दिव्या बहन, GHRC

निर्लेप नीरवता

नीरवता के स्पंदन प्रभात में मेरा दर खटखटाते हैं,
मुझ आत्म पंछी को निर्लेप अवस्था का अनुभव कराते हैं।

दुनिया के शोर-शराबे में,
जीवन के उलझे ताने-बाने में,
मैं अपनी धुन में चलता हूँ—
निर्लेप, तटस्थ, बस बहता रहता हूँ।

मैं निर्लेप, निरंजन—न कोई बाधा, न कोई बंधन;
नीरवता के मौन संगीत में पुरुष झूम उठा स्पंदन।

रात की तारीकी में नीरवता का प्रकाश,
रुह के लिए जैसे कि खुला आकाश।

नीरवता के सागर में तबीयत से जब पाँव रखोगे,
निर्वाण धाम की निर्लेप अवस्था का स्वाद चखोगे।

जब नीरवता की ऊर्जा के बरसेंगे अंगारे,
तब निर्लेप स्थिति के अनुभव होंगे न्यारे-प्यारे।

नीरवता के सिन्धु में तुम जब डूब जाओ,
तब तुम भी नीरवता के सागर कहलाओ।

फिर भी शब्दों में बयाँ कैसे करूँ "निर्लेप नीरवता" को— ज़रा मुश्किल है;
कोलाहल, चिल्ल-पों के बाज़ार में सन्नाटे का अनुभव ही "निर्लेप नीरवता" है।

कविराज : बी के सुशील भाई, मधुबन

रूपहीन रमण

मैं बैठा सागर के किनारे रमण करने,
रूपहीन रमण में रमण करते-करते प्रभु-स्मरण में रम गया।

रूपहीन रमण में है असीम सुख।
जो आत्मा ईश्वर की याद में रमण करती है,
उस रमण में न पद चाहिए, न पदवी, न विद्वत्ता चाहिए,
सिर्फ निःस्वार्थ प्यार ही प्यार चाहिए।

उस रमण में न स्वार्थ है, न व्यर्थ है, न सखा है, न सखी है;
सिर्फ बाबा की श्रीमत ही श्रीमत है।
उस रमण में न धोखा है, न किसी का रोका है,
न दुःख है, न दर्द है, न ईर्ष्या है, न नफ़रत है।
है तो सिर्फ अतीन्द्रिय सुख की लहरें ही लहरें हैं।

उस रमण में न गीत है, न संगीत है, न सुर है, न ताल है,
न साज है, न नाज़ है, न शोर है, न ज़ोर है।
है तो केवल मौन, और मौन की भाषा ही भाषा है।

उस रूपहीन में मन रम जाए,
शांति का सागर भीतर आए,
प्रेम की गंगा में डुबकी लगाए।
जहाँ न रूप, न माया का बंधन –
वही है सच्चा आनंद रमण।
रूपहीन रमण, रूपहीन रमण।

कविराज : बी के विठ्ठल भाई, मधुबन

एक बाबा, एक मुरली, एक मधुबन

बाबा है परमपिता, ज्योति-बिंदु निराला,
अंधकार हरता, देता सत्य उजाला।

उनकी याद से मन का हर बोझ उतर जाए,
बंधन टूटें सारे और आत्मा मुस्कुराए।

मुरली है अमृतधारा, प्रेम से सराबोर,
हर शब्द में छुपा मुक्ति का ही ठौर।

ये वाणी नहीं, यह है आत्मा का गीत,
सुनते ही मिल जाए सुख-शांति का संगीत।

मधुबन है पावन धाम, शांति का निवास,
जहाँ झरते बाबा से प्रेम-उपहार खास।

स्मृति की घाटी, मौन का बागान,
यहाँ मिलते आत्मा को बाबा से वरदान।

बाबा है ज्योति-सागर, मुरली मधुर पुकार,
मधुबन है मिलन-भूमि, आत्मा का सच्चा द्वार।

तीनों मिलकर जग में भर दें नई रोशनी,
इनसे ही महके जीवन की बगिया सुहानी।

कवयित्री : बी के छबू माता, अमरावती

अनासक्त पद्म

कमल सम प्यारा हो जीवन हमारा,
मिले पंक फिर भी रहे उससे न्यारा,
दिव्य गुणों से दिखे निखरा-निखरा,
योगी, अन्तर्मुख, तपस्वी निराला।

शिखर में, न वन में, करे पंक में तप,
दलदल से उठता, निर्लिप्त, शतदल,
योगयुक्त, रमणीक, रुक्षता से मुक्त,
व्याकुल न क्षुब्ध, प्रसन्न, उन्मुक्त।

बुद्ध सम प्रबुद्ध, निर्माणकारी रूप,
जागरूक, कर्तव्यनिष्ठ, आनंद स्वरूप,
आत्मलीन, स्वमान में स्थित,
अवगुण-विकार न धरे चित्त।

निष्काम कर्म, समर्पित उत्पल,
शुचिता अलंकृत, अलौकिक उत्कर्ष,
अनुरक्त, मोहजीत, शोभित सृष्टा,
अनासक्त योगी, साक्षी दृष्टा।

कवयित्री : बी के कविता, कोलकाता

53

बोलती निगाहें

निगाहों से निगाहें मिली,
तो निगाहों ने निगाहों से कहा—
क्या हम पहले भी मिले हैं कहीं?

निगाहों से मिली निगाहें तो
हुआ एक कारवाँ शुरू,
पूरे कल्प जो चुप थीं निगाहें,
हुई शुरू इनकी गुफ़्तगू।

पूरे कल्प तो मुख ने कहा,
निगाहों ने मौन रखा।
पर अब जो देखा है तुम्हें,
पर अब जो देखा है तुम्हें,
तो "मैं-मैं" न रहा।
देह तो है, पर उसमें "मैं" न रहा,
इस संसार में सार न रहा।
पर अब जो देखा है तुम्हें,
मुख है मौन, बोल उठी हैं निगाहें।

वो अमृतवेले पलकों का झपकना,
दिन भर आँखों का मटकना,
फिर तुम्हें देख शर्माना,
तुम न दिखे तो निगाहों का तुम्हें ढूँढना।

तुम्हारे बिन जो रो पड़ी थीं निगाहें,
तुम्हें देख खिल-सी गई हैं।
यूँ तो बोलने लगी थीं निगाहें,
तुम्हें देख चुप-सी हो गई हैं।
तुम्हीं में बस खो-सी गई हैं।
तुम्हारे प्रेम में डूबी रही ये निगाहें,
तुम जैसी हो गई हैं।

ये बोलती निगाहें अब चुप-सी हो गई हैं,
भरपूर हो गई हैं,
तुम जैसी हो गई हैं,
तुम जैसी हो गई हैं।

कवयित्री : बी के समीक्षा बहन, GHRC

देह-संग का भस्मासुर

देह संग रही आत्मा,
खुद को भूली,
पाप कर्मों में डूबी।

84 जन्मों से आत्मा देह में रही,
देह-संग में रही,
देह के रिश्तों में बंधी।

21 जन्म आत्मिक स्थिति रही,
63 जन्मों तक ऐसी फँसी,
विकारों ने किया राज्य।

जब आत्मा को ज्ञान मिला,
परमात्म प्राप्तियों की हुई पहचान।

अपने अंदर की शक्तियों का हुआ उदय,
आत्मा के दो संस्कार –
दैवी और आसुरी।

संस्कारवश होकर सुख और दुःख
अनुभव करती।

जब संस्कारों का ज्ञान हुआ,
सत्य और असत्य का हुआ युद्ध।

जब मोहिनी रूप धरे,
भस्मासुर का हुआ अन्त।

आत्मा विकारों से मुक्त हुई,
आत्मा खुशियों से खिल उठी।

कवयित्री : बी के यशोदा बहन, GHRC

असंग की आरती

न प्रीत किसी से रखना है,
न फँसना है किसी मोह में,
बस प्रभु प्रेम ही सच्चा है,
जो अपना है हर मोड़ पर।

दुनिया दुःखों का जंगल है,
खो गयी मीठी वाणी है,
नदियों का जल भी खारा है,
बचा न मीठा पानी है।

वर्षा की बूँद में देखा,
सूरज की किरणों में ढूँढा,
पेड़ों की हरियाली में भी,
झरनों की गर्जना में देखा,
मिला नहीं वह रंग कहीं,
जो रंग परमात्मा के संग देखा।

फिर क्यों माया के वार से
घायल तुम हो जाते हो,
बाबा का हाथ है हाथों में,
क्यों फिर तन्हा खुद को पाते हो।

आओ, मिलकर संकल्प करें,
सिर्फ अभी नहीं, हर कल्प करें,
माया के वारों को ठोकर से मार
लक्ष्य की ओर आगे बढ़ें,
सब छोड़ देह के बंधन को,
नित संग की आरती करें।

हैं रंग सुहाने बागों के,
फूलों में भी खुशबू प्यारी है,
आओ, मिलकर सब महकाएँ,
अपने जीवन की जो क्यारी है,
जब संग मिला शिव बाबा का,
सारी सृष्टि ही हमारी है।

सुखद है अनुभव प्रभु-प्रेम का,
निराकार की बात ही निराली है।

कवयित्री : बी के क्रांति बहन, GHRC

आनंद गंगा

आत्मा रूप में ज्योति-बिंदु,
परमपिता से सुख पाऊँ।
ज्ञान-योग की मधुर धारा में,
हर क्षण आनंद-गंगा बहाऊँ।।
आनंद-गंगा... आनंद-गंगा..

क्रोध-द्वेष सब दूर हो जाए,
स्नेह-सुगन्ध जीवन महकाए।
विकारों से जब मन निकले,
पावन लहरें भीतर झलकें।
आनंद-गंगा... आनंद-गंगा...

ना बाहर मन्दिर, ना तीर्थ तलाशूँ,
सच्चा धाम तो स्मृति में पाऊँ।
शिव-बाबा संग जब मन लगाऊँ,
आनंद-गंगा में, मैं डूब जाऊँ।
आनंद-गंगा... आनंद-गंगा....

सच्चाई की शक्ति से खुद को सजाएँ,
प्यार की किरणें जग में फैलाएँ।
हर आत्मा जब निर्मल हो जाए,
तो यह धरती ही स्वर्ग बन जाए।
आनंद-गंगा... आनंद-गंगा....

कवयित्री : बी के छबू माता, अमरावती

तप कमल

कीचड़ में खिलता, पर कीचड़ से न्यारा,
संसार-सागर में तपस्वी एक प्यारा।
हर बूँद जल की मोती-सी झलकाए,
पर मोह की नमी उसे छू न पाए।

योग-अग्नि में तपकर कुन्दन हुआ है,
आत्मा का सूरज भीतर उगा है।
लहरें विकारों की आतीं टकराने,
पर शांत स्वरूप से लौटें मुस्कानें।

न कोई शिकायत, न कोई गिला है,
शिवबाबा से इसका दिल मिला है।
यही कर्मयोगी जीवन की शान,
बाबा के बच्चों की यही पहचान।

शक्ति है शांति में, दीपक-सा प्रकाश,
जो कर दे अन्धियारे का भी सर्वनाश।
तप की पंखुड़ियों पर ज्ञान का बसेरा,
मिट जाए मन का हर एक अंधेरा।

कीचड़ में खिलकर भी निर्मल,
हर हृदय को देता सम्बल।
अडिग, उज्ज्वल, सुगंधित कमल,
जीवन का दिव्य दर्पण है कमल।

लक्ष्मी का आसन है कमल,
सरस्वती का वास है कमल।
पावनता का संदेश है कमल,
सम्पूर्ण पवित्रता का प्रतीक है
तप-कमल।

कवयित्री : बी के गायत्री बहन, GHRC

संगम की सादगी

संगम की सादगी, एक अनुपम कहानी,
जहाँ हर धड़कन में है रुहानी रोशनी।

निश्चल भाव, निष्कपट प्रीत,
यही है संगम की असली रीत।

सादगी में छिपा है गहन सौंदर्य,
जीवन का यही है सबसे बड़ा ऐश्वर्य।

अंधकार में चमकता, सादगी का द्वीप,
जहाँ जीवन बहाए, प्रभु-स्मृति का संगीत।

संगम पर मिलता है, निष्कलंक प्रकाश,
जहाँ हर आत्मा पाती है सच्चा विकास।

यह मनोहर घड़ी, अनोखे रंगों से सजी,
सादगी की राहों पर आत्मा है सुलझी।

संगम की सादगी, एक अनुपम कहानी,
जहाँ हर धड़कन में है रुहानी रोशनी।

कवयित्री : बी के रम्या बहन, GHRC

हमीं अस्तो, हमीं अस्तो

अमृतवेले बापदादा का प्यार और दुलार से जगाना,
अपनी रूहानी बाँहों में लेकर, माथे को चूमकर, स्मृति का तिलक लगाना,
अतीन्द्रिय सुख की गोदी में झुलाना,
सारी शक्तियाँ, सर्व गुणों का वरदान देना,
तीनों लोकों, चारों युगों का फ़रिश्ता स्वरूप वस्त्र पहनाकर सैर कराना,
हमीं अस्तो, हमीं अस्तो।

सतगुरू बनकर मुरली की तान सुना कर मन्त्रमुग्ध कर देना,
मीठे बच्चे, सिकीलधे बच्चे, लाडले बच्चे कहकर पुचकारना,
आदि, मध्य, अन्त के ज्ञान की गुह्यता और गहरी बातें सुनाना,
बुद्धि को ज्ञान का ब्रह्मा-भोजन खिलाकर सेहतमन्द बनाना,
संगमयुग में बेग़मपुर का बादशाह बनाना,
हमीं अस्तो, हमीं अस्तो।

मधुबन की वादियों में साजन के साथ हाथ में हाथ पिरोकर सैर करना,
मीठी-मीठी, प्यारी-प्यारी दिल की बातें सुनना-सुनाना, नाज़-नखरे करना,
साजन के हाथों से ज्ञान-रत्नों के श्रृंगार से सज-धज कर
साजन की सम्पूर्ण पवित्र सजनी बनना,
रूहानी प्यार का सही मतलब समझना, मोहब्बत के लिए सारी हदें तोड़ देना,
दिल की गहराई से साजन पर तन, मन, धन सब न्योछावर कर देना,
शिव की शक्ति अर्धांगिनी बनकर, शिव पर मर मिट जाना,
हमीं अस्तो, हमीं अस्तो।

कवयित्री : बी के दीपाली बहन, मधुबन

वरदानों की रूहानी खेती

संगमयुग प्राप्ति के समय में,
करें वरदानों की रूहानी खेती,
स्वयं बाबा सिखा रहे,
राजयोग से कैसे बनाएँ श्रेष्ठ स्थिति।

तन, मन, धन, समय, श्वास, संकल्प सफल करो, भाई, करलो कमाई,
फिर मौका नहीं मिलेगा,
इसी में है सब प्राप्ति समाई।

संगमयुग में मिला बाबा,
मधुबन, मुरली और मिला प्रभु परिवार,
पाना था वह पा लिया,
खुशियों का न रहा पारावार।

संगमयुग प्राप्ति के समय में,
करें वरदानों की रूहानी खेती,
स्वयं बाबा सिखा रहे,
राजयोग से कैसे बनाएँ श्रेष्ठ स्थिति।

वरदानों की रूहानी खेती के लिए, करें ज्ञान का चिंतन,
मुख के मौन और मन के मौन से, जीवन बन गया कुंदन।

मुख की ध्वनि, मनुष्य के कान और प्रकृति तक ही पहुँचती,
मौन की ध्वनि पाँच तत्व से भी पार, प्रभु-उपवन तक है पहुँचती।

संगमयुग प्राप्ति के समय में,
करें वरदानों की रूहानी खेती,
स्वयं बाबा सिखा रहे,
राजयोग से कैसे बनाएँ श्रेष्ठ स्थिति।

वरदानों की रुहानी खेती के लिए, करें मौन एकान्त की साधना,
निश्चल-भाव प्रभु पर अर्पित होना, यही है सच्ची आराधना।

वरदानों की रूहानी खेती,
यही है ब्राह्मण जीवन का लक्ष्य,
ज्ञान और योग के स्नान से,
आत्मा हो जाती स्वच्छ।

एक बाबा दूसरा न कोई,
यही है रुहानी खेती की विधि,
ब्रह्मा बाबा के कदम पर कदम रख चलेंगे,
तो मिलेगी हर सेकण्ड में सिद्धि।

संगमयुग प्राप्ति के समय में,
करें वरदानों की रूहानी खेती,
स्वयं बाबा सिखा रहे,
राजयोग से कैसे बनाएँ श्रेष्ठ स्थिति।

कविराज : बी के आशीष भाई, मधुबन

मन के रेगिस्तान में व्यर्थ संकल्पों की आँधी

तू रुद्र की रुद्राणी, शिव की आदिशक्ति है,
तू महाकाल की महाकाली, महादेव की रणचण्डी है।

आसुरी वृत्तियों ने जब
मन के रेगिस्तान में,
व्यर्थ संकल्पों की आँधी से
कोहराम मचाया था,
तब तूने ही अपने हाथों में
खड्ग और खप्पर उठाया था।

तू रुद्र की रुद्राणी, शिव की आदिशक्ति है,
तू महाकाल की महाकाली, महादेव की रणचण्डी है।
तेरे "जय भवानी" नाम के जयघोष से
आज भी रणभूमि में बिगुल बजते हैं।
तेरे कालरात्रि, खप्परवाली नाम से
सारे निशाचर डरते हैं।
तेरी एक हुंकार से
न जाने कितने दैत्यों के प्राण सूखते हैं।

तू रुद्र की रुद्राणी, शिव की आदिशक्ति है,
तू महाकाल की महाकाली, महादेव की रणचण्डी है।

61

तेरी हिम्मत को देखकर
तुझे सब शेरावाली कहते हैं।
तेरी ऊँची स्थिति को याद करके
तुझे पहाड़ावाली कहते हैं।
तेरी एक झलक पाने के लिए
तेरे भक्त न जाने क्या-क्या करते हैं।

तू रुद्र की रुद्राणी, शिव की आदिशक्ति है,
तू महाकाल की महाकाली, महादेव की रणचण्डी है।
अब फिर से अपने हाथों में
ज्ञान के खड्ग और खप्पर उठा ले।
योग का कवच धारण कर,
गले में वैराग्य की मुण्डमाला पहन ले।
ज्वालामुखी तपस्या करके
व्यर्थ संकल्पों की आँधी को जड़ से मिटा दे।
घर-घर में यह गूँज सुना दे—

तू रुद्र की रुद्राणी, शिव की आदिशक्ति है,
तू महाकाल की महाकाली, महादेव की रणचण्डी है।

कविराज : बी के पुरुषोत्तम भाई, मधुबन

पेपर टाइगर का खौफ़

पेपर टाइगर क्या है,
बस दिखावा एक,
गरजता बहुत है,
पर है अंदर से खोखला।

डरते हैं लोग इससे,
जैसे हो असली शेर,
पर छूने पे बिखर जाए,
जैसे कागज़ की कहानी।

ब्राह्मण बच्चे भी कभी
भूल जाते अपनी शान,
माया के डर से हिल जाते,
टूट जाता उनका मान।
पर याद करो दादियों को,
जिन्हें माया ने न रोका,
उन्होंने हर तूफ़ान से कहा –
"ये तो पेपर टाइगर है, धोखा!"

दादी प्रकाशमणि के निश्चय से,
दादी जानकी के साहस से,
हर संकट रुई बन जाता,
जब उनका निश्चय था – बाबा के साथ खड़ा।

मुरली बन जाये ढाल, याद बने तलवार,
इस रूहानी शस्त्र से जीत लो संसार।
बाबा के फ़रिश्ते जब उड़ान भर जाते,
पेपर टाइगर के पैर खुद हिल जाते।

कागज़ के शेर तो जल जाएँगे,
माया के जाल सब कट जाएँगे।
हम हैं वो रूहानी शेर – सदा निर्भय,
शिवबाबा की शक्ति से निश्चित हमारी विजय।

नवदुर्गा की शक्ति भी यही बताये,
शेर पर सवारी करके माया को हराये।
बाबा के बच्चे भी वही किरदार निभाते,
साहस और निश्चय से अंधकार मिटाते।

तो न डर कागज़ के शेर से,
न झुक माया के कहर से,
जब शिवबाबा हमारे साथ है,
तो विजय हमारी सौगात है।

कवयित्री : बी के नीलिशा बहन, सांगली, महाराष्ट्र

जीवन डोर तुम्हीं संग बाँधी

जीवन डोर बाबा तुम्हीं संग बाँधी।
इस बंधन को न तोड़ सके,
माया की आँधी रे आँधी।
हो न सकें कभी हम-तुम न्यारे,
दो दिल हैं, एक प्राण हमारे।

जीवन डोर बाबा तुम्हीं संग बाँधी।

अमृतवेले बाबा, जगाना तुम्हारा,
मेरे लाडले उठो – वह ममता भरे गीत सुनाना।
प्यारी-प्यारी, स्नेहभरी रूह-रिहान करना।

जीवन डोर बाबा तुम्हीं संग बाँधी।

मीठे बच्चे, प्यारे बच्चे कहकर मीठी मुरली सुनाना,
दिल से दिल की बातें करना,
धारणा करवाना, रात को मीठी लोरी सुनाना।

जीवन डोर बाबा तुम्हीं संग बाँधी।

ऐसे मुझे बाप के रूप में भगवान मिला,
कैसा मुझे वरदान मिला,
भाग्य से ऐसे भगवान का संग मिला।

जीवन डोर बाबा तुम्हीं संग बाँधी।
अब तो संगमभर तुम्हारे साथ रहेंगे,
इस जीवन में खुशियों के रंग भरेंगे,
तुम्हारे आगे यह जीवन समर्पण रहेगा।

जीवन डोर बाबा तुम्हीं संग बाँधी।

कवयित्री : बी के शिवकुमारी माता, मधुबन

पुरुषार्थ का मौसम

असम्भव को सम्भव, कौड़ी से हीरा, पतित से पावन,
मनुष्य से देवता बन सकते हैं,
क्योंकि पुरुषार्थ का मौसम अब है।

सकाश देने की सेवा से, हज़ारों मील दूर बैठी
आत्माओं को बाबा का संदेश दे सकते हैं,
क्योंकि पुरुषार्थ का मौसम अब है।

अनेक जन्मों के लिए पद्मों की कमाई जमा कर सकते हैं,
विश्व में सबसे ऊँचे, सबसे पवित्र और सबसे धनी बन सकते हैं,
क्योंकि पुरुषार्थ का मौसम अब है।

बीजरूप, बिन्दूरूप, फ़रिश्ता स्थिति,
लवलीन स्थिति का अनुभव कर सकते हैं,
क्योंकि पुरुषार्थ का मौसम अब है।

काँटों के जंगल को फूलों का बगीचा बना सकते हैं,
रेगिस्तान में हरियाली की बहार ला सकते हैं,
क्योंकि पुरुषार्थ का मौसम अब है।

विकारों पर विजय प्राप्त कर, संस्कारों का परिवर्तन कर,
मायाजीत और जगतजीत बन सकते हैं,
क्योंकि पुरुषार्थ का मौसम अब है।

64

रहमदिल, परोपकारी, विश्व-कल्याणकारी, सर्व खज़ानों के दाता,
भाग्यविधाता, वरदाता और नष्टोमोहा बन सकते हैं,
क्योंकि पुरुषार्थ का मौसम अब है।

अमृतवेला में शक्तिशाली योग,
मुरलियों का अध्ययन और मनन-चिन्तन कर,
बाप समान बन सकते हैं, क्योंकि पुरुषार्थ का मौसम अब है।

★ ★ ★

भगवान मेरा साथी है

वाह, सच्चे साथी वाह!
आपने कमाल कर दिया,
बाप, टीचर, सद्गुरु, साथी बनकर
हमको निहाल कर दिया।

वाह मेरा भाग्य,
आज भगवान मेरा साथी है।

अमृतवेले देखा –
बाबा की गोद में बैठे हैं,
योग के समय दृष्टि देकर
कराते हैं योग,
भोजन के समय
हाथ पकड़कर खिलाते हैं भोग।

टीचर बनकर मुरली द्वारा
कराते हैं ज्ञान स्नान,
माया का दरवाज़ा बंद होता है,
मिटता है अज्ञान।

वाह मेरा भाग्य,
आज भगवान मेरा साथी है।

कर्मयोग में खुदा-दोस्त बनकर
हर पल सहयोग देते,
जो काम कभी नहीं किया,
चंद मिनटों में हो जाते।

बाबा हर पल साथ है,
यह महसूस होता,
अगर बाबा न होते,
तो हम कहाँ होते?

वाह मेरा भाग्य,
आज भगवान मेरा साथी है।

कैसे लिखूँ कविता,
जो दिया गया विषय बहुत बड़ा,
हाथ पकड़कर लिखवा दिया,
अच्छा लगा बाद में जब पढ़ा।

रात को जब सोती हूँ,
बाबा की गोद में,
अतीन्द्रिय सुख में
भी झूलती हूँ बाबा के साथ में।

वाह मेरा भाग्य,
आज भगवान मेरा साथी है।

कवयित्री : बी के कृष्णा माता, बहादुरगढ़, हरियाणा

उलझनों के शिकंजे में ब्राह्मण जीवन

आज उलझनों के शिकंजे में उलझ रहा है ब्राह्मण जीवन,
उलझ-उलझ कर उलझ रहा है,
पर समस्या फिर भी न सुलझ रही है।

जब जीवन में समस्या संशय की आती है,
तो निश्चय का शिकंजा हिल जाता है।
कोई लाख ज्ञान-ड्रामा सुनाए,
पर मन फिर भी संशय में ही उलझा रहता है।

कभी मन में व्यर्थ की उलझन आती है,
कभी अपने प्रति, तो कभी औरों के प्रति।
कभी स्वभाव में, तो कभी संस्कार में,
कभी ज्ञान में, तो कभी ध्यान में,
कभी कर्म में, तो कभी धर्म में।

उलझन एक ऐसा जाल है,
जैसे भूलभुलैया का खेल।
उस खेल में जो उलझता है,
उसी की बुद्धि फ़ेल हो जाती है।

जैसे दुर्योधन उलझा था
माया दानव के माया महल में,

66

और कैकई उलझी थी
मन्थरा के मंत्र-जाल में।
इन्हीं कारणों से हुईं रामायण और महाभारत।

परमपिता ब्राह्मण बच्चों से कहते हैं –
मीठे बच्चों, प्यारे बच्चों,
कभी मत फँसो उलझन के शिकंजे में।
फँसना ही है तो फँसो
प्रभु-चिन्तन के शिकंजे में,
जिससे होती है आत्म-उन्नति
और अपनों के जीवन की भी उन्नति।

★ ★ ★

पाँच दुर्दांत ठग

मन के गाँव में रहते छिपकर, पाँच दुर्दांत ठग,
काम, क्रोध, लोभ, मोह, अहंकार – ये हैं चालाक डाकू नग।

सुख-शांति का धन चुराते, करते आत्मा को कंगाल,
इनकी चाल में जो फँसे, जीवन उसका हो जाए बेहाल।

काम ठगता मृगतृष्णा बनकर, दिखाता सुख के सपने,
क्रोध जलाए भीतर-भीतर, रिश्ते सारे अपने।

लोभ जगाए भूख असीमित, चाहे और-और पाने को,
मोह जकड़े डोर अंधेरी, बाँध दे जग में रुलाने को।

अहंकार तो सबसे भारी, छीन ले सत्य की राह,
अपनेपन का पर्दा डालकर, डुबो दे जीवन की नाव।

ओ आत्मा! पहचान इन्हें, ये तेरे असली शत्रु हैं,
ज्ञान-योग की ज्योति जलाकर, इन पर ही विजय रुचि है।

जब सत्य, शांति, प्रेम का तुम बन जाओ सहचर,
तब दुर्दांत ठग भागेंगे, आत्मा होगी सुन्दर।

कविराज : बी के सुखदेव भाई, GHRC

जान हाज़िर है

जान हाज़िर है, तुम्हारे प्यार की ख़ातिर, ओ भगवन,
जान हाज़िर है, तुम्हारे प्यार की ख़ातिर, ओ भगवन।

दिल में तेरे प्यार का दीपक जगाकर रखूँ,
दिल में तेरी प्यार की मूरत सजाकर रखूँ,
श्वांस की हर लय में बस तेरा ही स्पंदन।

जान हाज़िर है, तुम्हारे प्यार की ख़ातिर, ओ भगवन।

नयनों के झरोखे से हम तुझको निहारा करें,
गर नज़र न आए तो तुझको पुकारा करें,
दिल की हर धड़कन में तुझको समा दूँ हरदम।

जान हाज़िर है, तुम्हारे प्यार की ख़ातिर, ओ भगवन।

जान हाज़िर है, तुम्हारे ज्ञान की ख़ातिर, ओ भगवन,
बन ज्ञान की मुरली, चहुँ ओर गुंजन करूँ,
बन ज्ञान की सरिता, चहुँ ओर सिंचन करूँ,
रग-रग में समाता चलूँ, तुम्हारे ज्ञान की वाणी, ओ भगवन।

जान हाज़िर है, तुम्हारे प्यार की ख़ातिर, ओ भगवन।

68

जान हाज़िर है, तुम्हारी याद की ख़ातिर, ओ भगवन,
याद की ज्योति जलाएँ, किरणें बिखेरें शक्ति की,
संसार से तम को मिटाएँ, लाएँ ख़ुशियाँ प्रकाश की,
विश्व को हम बनाएँ दिव्यता का एक उपवन।

जान हाज़िर है, तुम्हारे प्यार की ख़ातिर, ओ भगवन।

जान हाज़िर है, तुम्हारी श्रीमत की ख़ातिर, ओ भगवन,
कदम-कदम बढ़ते चलें, श्रीमत को ले साथ हम,
हर मुश्किल को पार करें, विश्वास की ले ढाल हम,
मुश्किलों को दें चुनौती, जब साथ हैं मेरे भगवन।

जान हाज़िर है, तुम्हारे प्यार की ख़ातिर, ओ भगवन।

जान हाज़िर है, तुम्हारे यज्ञ की ख़ातिर, ओ भगवन,
हड्डी-हड्डी कर समर्पण, यज्ञ की बलि-वेदी पर,
स्वच्छ और पावन बनाएँ, तपोबल का प्रयोग कर,
तप, त्याग और सेवा के बल से बनाएँ मधुबन को तपोवन।

जान हाज़िर है, तुम्हारे प्यार की ख़ातिर, ओ भगवन।

कविराज : बी के अरविन्द भाई, मधुबन

मैं के रूप हज़ार

स्वमान में मैं पन हज़ार करे मालामाल,
स्वमान की मैं पन की मशाल, मैं हूँ बेमिसाल।

मैं चमकता दिव्य सितारा, बाबा के नयनों का तारा,
मैं जग को रोशन करने वाला, सफलता का सितारा।

मैं सपूत बन करता हूँ कमाल,
मैं दुःख-दुविधा को मिटाता, करता कमाल।

मैं विश्व-कल्याणी, मैं वरदानी,
मैं जगदम्बा, मैं दुर्गा, मैं महाकाली,
मैं सरस्वती, मैं लक्ष्मी – धन देने वाली।

मैं परमात्म तख़्त-नशीन, प्रभुप्रिय एकव्रता,
मैं पवित्रता की देवी, करती दिव्य-श्रृंगार।

मैं शिव की मानस-सृष्टि की चैतन्य ज्ञान-गंगा,
मैं खुदाई-खिदमतगार, सेवा से करती चंगा।

मैंने सप्त रंगों से जीवन को रंगा,
मैं विश्व-मार्गदर्शक, मैं हूँ शिवशक्ति पण्डा।

कवयित्री : बी के त्रिवेणी बहन, मधुबन

हिमालय से ऊँची स्थिति

बाप कहे:
"बच्चे, तुम्हारी स्थिति हो हिमालय से भी विशाल,
बनो अपने स्वराज्य के तुम मालिक और भूपाल।"

खड़ा है एक हिमालय, शिखर जिसका महान है,
अचल, अडिग खड़ा वो, धरती की शान है।

ओढ़े है श्वेत चादर, पवित्रता का ताज है,
मौन के गहरे सागर में, करता जग पर राज है।

वो तो है जड़ हिमालय, ये चेतन की बात है,
बाबा ने जो बताई, वो ऊँची सौगात है।

बाप कहे:
"बच्चे, तुम्हारी स्थिति हो हिमालय से भी विशाल,
बनो अपने स्वराज्य के तुम मालिक और भूपाल।"

मुरली की मधुर ध्वनि, राह को दिखलाती है,
बाबा की याद ही तो, हिम्मत बढ़ाती है।

ज्ञान के आधार पर, जब योग में हम बैठते हैं,
शक्ति के सागर से, भरपूर होते रहते हैं।

70

हिमालय की बर्फ़ तो, धूप में पिघल जाती है,
आत्मा की पवित्रता, अमर बन जाती है।

बाप कहे:
"बच्चे, तुम्हारी स्थिति हो हिमालय से भी विशाल,
बनो अपने स्वराज्य के तुम मालिक और भूपाल।"

भूकंप हिला दे पर्वत – यह तो केवल मिसाल है,
माया हिला न पाए – वही स्थिति कमाल है।

हिमालय की ऊँचाई तो, कदमों से नापी जाती है,
योग की रूहानी उड़ान, परमधाम तक जाती है।

उसका है बाहरी मौन, भीतर दृढ़ चट्टान है,
राजयोग का रूहानी मौन – सच्ची शांति का स्वमान है।

बाप कहे:
"बच्चे, तुम्हारी स्थिति हो हिमालय से भी विशाल,
बनो अपने स्वराज्य के तुम मालिक और भूपाल।"

तो जान लिया मैंने – ऊँची स्थिति ही रूहानी शान है,
आत्मा का स्वधर्म ही सबसे बड़ा सम्मान है।

हिमालय से भी ऊँची – योग की वही स्थिति है,
मैं विजयी रत्न हूँ – यही मेरा स्वमान, यही मेरी हस्ती है।

कवयित्री : बी के दीपा बहन, पोखरा, नेपाल

शकुनि की साज़िशें

ए ज़िन्दगी, बता क्यों उलझी साज़िशों में,
बीता बहुत वक्त दुर्योधन-सी ख़्वाहिशों में।

कुछ तो ख़ैर कर अपनी काबिलियत पर,
कुछ ख़्याल कर ख़ुदा से नसीब कुव्वत पर।

शकुनि जैसे छल-कपट के जाल मत बुन,
अंदर एक, बाहर दूसरा – ऐसी चाल न चल।

ए ज़िंदगी, बता क्यों उलझी साज़िशों में,
बीता बहुत वक्त दुर्योधन-सी ख़्वाहिशों में।

कर ले गुज़ारिश उस रहनुमाई ख़ुदा से,
न कर मुख़ालफ़त स्व की असलियत से।

ए रूह, मत कर अपने ज़मीर का क़त्ल,
पहचान वक़्त, नहीं तो हो जाएगा छल।

ए ज़िंदगी, बता क्यों उलझी साज़िशों में,
बीता बहुत वक्त दुर्योधन-सी ख़्वाहिशों में।

शकुनि-सी कुटिल चालों से रह होशियार,
नहीं चाह दुर्योधन के साधनों की भरमार।

71

तज दे तू दुर्योधन-सी ख़्वाहिशों को,
तराश ले अपने मुक़द्दर की तस्वीर को।

ए ज़िंदगी, बता क्यों उलझी साज़िशों में,
बीता बहुत वक्त दुर्योधन-सी ख़्वाहिशों में।

जहन्नुम को झाँकने का मत कर प्रयास,
जन्नत अनुभव अभी कर, न कर क़यास।

दोज़ख के दरवाज़ों को मत दे दस्तक,
जो झुकाना पड़े धर्मराज के आगे मस्तक।

मेरा तो एक शिवबाबा, दूसरा न कोई,
ऐसी साधना ही होती रहे बारम्बार।

ए ज़िंदगी, बता क्यों उलझी साज़िशों में,
बीता बहुत वक्त दुर्योधन-सी ख़्वाहिशों में।

कविराज : बी के सुशील भाई, मधुबन

माया मौसी की अलबेली चाल

ओ माया मौसी, तेरी अलबेली चाल समझ न आई।
अमृतवेले पर माया मौसी मुझसे मिलने आई, देखी और मुस्काई,
फिर वह बोली – अभी बहुत समय है, तू सो जा मेरे भाई।

सोचा था, समय है सुन्दर, याद में बैठूँ, कर लूँ थोड़ी कमाई।
माया मौसी ने चाल चली अलबेली, अलबेले हमें बनाई।
ओ माया मौसी, ये तेरी चाल समझ न आई।

रंग-बिरंगी दुनिया का लालच देकर ललचाई।
आधुनिक खेल-खिलौनों में तू सबको है उलझाई।
ओ माया मौसी, तेरी चाल समझ न आई।

छोटों की बातें छोड़ो, बड़ों-बड़ों ने मात खाई।
रुस्तम से रुस्तम से भी तू करती रोज़ लड़ाई।
बाबा ने भी मुरली में तेरी बातें सुनाई।
ओ माया मौसी, तेरी चाल समझ न आई।

काम, क्रोध, मद, लोभ, मोह में हर कोई धँसता जाए जैसे गहरी खाई।
मान-शान, रंग-रूप में सब फँसते जाएँ – ऐसे जाल बिछाए।

ओ माया मौसी, तेरी चाल समझ न आई।
ओ माया मौसी, तेरी अलबेली चाल समझ न आई।

कविराज : बी के चिमन भाई, मधुबन

73

इच्छाओं का भंवर-जाल

इच्छाओं का भंवर-जाल,
माया ने किया हमें बेहाल।
इच्छा नहीं, लेकिन लगता अच्छा,
आकर्षणों ने खा लिया कच्चा।

अच्छा-अच्छा करते सुमिरन,
इच्छा में हो गया परिवर्तन।
इच्छा ने ही हमें फँसाया,
बाबा ने ही हमें बचाया।

इच्छा है माया की दोस्त,
रहते हम इसमें मदहोश।
इच्छाओं का यह फेरा है,
माया ने हमें घेरा है।

इच्छा कहती – "हे मानव!
रखोगे इच्छा, तो नहीं बनने दूँगी अच्छा।"
डूबे थे इच्छाओं के भंवर-जाल में,
खो बैठे थे खुद को कई सवालों में।

इच्छा कहती –
"रखोगे शुभ इच्छा,
तो बनाऊँगी तुझे सच्चा।
मेरे भी हैं कुछ नेक स्वरूप,
इनसे पाओ सुख अनूप।"

दिल में एक अभिलाषा हो,
प्रभु को पाने की आशा हो।
सबका भला हो, यही शुभभावना हो,
सबको परमात्म संदेश मिले,
यही शुभकामना हो।

प्रभु आशाओं को पूरा करें,
यही तमन्ना है,
वो सदा साथ हैं,
यही जीवन की चाहना है।
आकाश से ऊँची उड़ान भरेंगे,
तीव्र पुरुषार्थ हम सदा करेंगे।

कवयित्री : बी के वर्षा बहन, GHRC

बस पाँच मिनट और

बाबा कहते हैं—
बच्चों, उठो अमृतवेला के समय,
यह समय है कमाई करने का।

बच्चे कहते हैं—
बाबा, बस पाँच मिनट और सो लूँ।

बस पाँच मिनट और...
मन ने कहा— फिर कर लूँगा योग,
फिर कर लूँगा याद,
पर वह "फिर" कभी आया ही नहीं।
हर रोज़ अलबेलेपन की माया ने सुलाया,
और पाँच-पाँच मिनट के चक्कर में
अमृतवेला की कमाई को गँवाया।

बाबा कहते हैं—
अब तो उठो, मुरली सुनो।
बच्चे कहते हैं—
कल से उठूँगा मुरली सुनने,
आज तो नींद प्यारी लग रही है।

बाबा कहते हैं—
यह दिन फिर कभी नहीं आएगा,
मुरली है ज्ञान-गंगा और
तुम व्यर्थ में खो रहे हो,
पाँच-पाँच मिनट के
आलस्य की नींद से
ज्ञान-रत्न धन गँवा रहे हो।

बाबा कहते हैं—
संगमयुग है सेवा करने का,
सेवा कर पुरुषोत्तम बनने का।
बच्चे कहते हैं—
बाद में कर लूँगा...
बस पाँच मिनट बाद कर लूँगा।
पर इन पाँच मिनटों के मोह में
कीमती समय गँवा दिया।

बस पाँच मिनट का यह
आलस्य-अलबेलापन
स्वर्ग के द्वार से
हमें दूर भटकाता है।

74

हर पाँच मिनट ने मुझसे
स्वर्णयुग छीना है,
क्योंकि जिसने समय को पहचाना नहीं,
वह मंज़िल तक पहुँचा ही नहीं।

यह पाँच मिनट का आलस्य
देह-अभिमान में सुला देता है,
पुरुषार्थ का अनमोल समय
धूल में मिला देता है।

यही पाँच मिनट की आदत
कर्मों को बिगाड़ देती है,
कर्मों की काली छाया मन को जकड़ लेती है।
कर लो कमाई अमृतवेला से शाम-रात्रि तक,
ज्ञान, योग, गुणों और शक्तियों की,
टालने के पाँच-पाँच मिनट के चक्कर में
सारे कल्प तू रोएगा,
सारे कल्प तू पछताएगा।

कविराज : बी के दिनेश भाई, मधुबन

बस पाँच मिनट और

पाँच मिनट और के फ़ॉर्मूले से हो गया मालामाल,
मैं तो बाप में समा गया, माया हो गई बेहाल।

पाँच मिनट अभ्यास की बाज़ी से जीवन हो गया अनमोल,
करते-करते आदत बनी, मैं बन गया पवित्र सोल।

सच्ची याद का सुख मिला पाँच मिनट और के खेल से,
बाबा से सच्चा प्यार मिला, निकल गया हेल से।

संस्कारों के जाल से छूटने का यह मुख्य हथियार,
जिसने समझा इस राज़ को, वही कहलाया समझदार।

पाँच मिनट और के अस्त्र से समझ गया माया की चाल,
आलस्य और अलबेलापन का पिचक गया गाल।

पाँच मिनट और में सुन पाया धरती माँ की पुकार,
जन्म-जन्म के पापों से उसका किया उद्धार।

पाँच मिनट और से देख पाया अनेक भक्तों की लीला,
उनके दर्द को समझ सका, सकाश दिया, भीग गई पलकें गीला।

पाँच मिनट और से समझ पाया दु:खी आत्माओं की पुकार,
करते चलो सबका भला, सबका होगा उपकार।

पाँच मिनट और से खुल गया आधारमूर्त होने का राज़,
अब तो कभी चुप न बैठेंगे, कराना होगा एहसास।

पाँच मिनट और ने सौंप दी ज़िम्मेदारी भारी,
सबके लिए बरसानी होगी ज्ञान-वर्षा सारी।

पाँच मिनट और के फ़ॉर्मूले से हो गया मालामाल,
मैं तो बाप में समा गया, माया हो गई बेहाल।

★ ★ ★

कविराज : बी के देवेन्द्र भाई, मधुबन

जी ले ये पल

जी ले ये पल, जी ले ये पल,
मौसम सुहाना, संगम का है ये पल।

जी ले ये पल, बाबा के संग,
अब और न कर तू, औरों का संग।

सुनकर मुरली, कर ले धारण इस पल,
क्या पता फिर कल, मिले न ये पल।

अब धीरे-धीरे चलने का नहीं ये पल,
पुरुषार्थ को तीव्र कर ले इस पल।

दुआओं का खाता जमा कर ले इस घड़ी,
फिर दुबारा न मिलेगी ये घड़ी।

बीती गलती की न कर बार-बार फिकर,
अब जो समय है, उसे कर ले सफल।

पवित्र बनकर सेवा में लग जा,
संगम का यह समय व्यर्थ न गँवा।

संगम की यह घड़ी बीत रही है पल-पल,
हे योगी! कर ले सफल अपना जीवन इस पल।

कविराज : बी के गौतम, धमतरी, छत्तीसगढ़

संगम के समुद्री लुटेरे

संगम का सागर शांत और विशाल,
नौका मेरी चली बेमिसाल।
कप्तान स्वयं हैं शिवबाबा महान,
मैं हूँ बस ट्रस्टी – उनका जहान।

स्वदर्शन चक्र है स्टीयरिंग हाथ,
हर लहर में बाबा का ही साथ।
सतयुग का तट हुआ उजियारा,
जब मन को मिली शिव-स्मृति की धारा।

अचानक उठा पाँच विकारों का झोंका,
आँधी बनी देह-अभिमान का धोखा।
लहरों ने चाही डोर मोड़नी,
पर स्मृति के लंगर से थाम लिया –
बाबा-नाम का पतवार पकड़ लिया।

फिर आए लुटेरे न जाने कब,
धीरे-धीरे, चुपके-चुपके सब।
मन की गहराई में की उन्होंने बात,

पहले टोली का स्वाद जगाया,
रसना से मन को बाँध लिया।

फिर तुलना की तलवार चली,
उसकी ज़्यादा, मेरा कम चली।

सेवा में आया मान का ग़ुमान,
मैंने किया – यही बना अभिमान।

अमृतवेला में नींद का जाल,
खींचने लगा नीचे हर हाल।

ईर्ष्या की लहर, सन्देह का तीर,
चुभ गया धीरे – मन हुआ अधीर।

नौका डगमगाई, मन में खोयी राह,
स्मृति की लौ भी बुझने लगी।

पर भीतर से उठ स्वर पुकारा –
"शिवपुत्र हूँ मैं, न भूले किनारा!"
बाबा की दृष्टि बनी पतवार,
स्मृति का प्रकाश बना आधार।

लुटेरे पिघले स्मृति की धार में,
ज्ञान-सूरज से अंधकार मिटा।
शांत लहरें, सुनहरा किनारा,
प्रेम से बोला बाबा – "घर तुम्हारा।"

संगम की नौका पहुँची पार,
बन गया आत्मा फिर अविनाशी तारा।

कवयित्री : बी के नीलिशा बहन, सांगली, महाराष्ट्र

78

गीत गाता चल

मिला है मुझे अनमोल खज़ाना ,
खुशी का नहीं रहा अब ठिकाना।

अब तो मैं गुनगुनाता रहता हूँ,
सदा गीत गाता चलता रहता हूँ।

मुझ भक्त को मिल गया भगवान,
बना दिया मुझे मास्टर सर्वशक्तिमान।

सुबह सवेरे रोज़ मुझे भगवान जगाते,
रात को मुझे अपनी गोद में ही सुलाते।

अब तो मैं गुनगुनाता रहता हूँ,
सदा गीत गाता चलता रहता हूँ।

मीठे बच्चे कहकर रोज़ मुरली सुनाते,
सिकीलधे बच्चे कह रोज़ नमस्ते करते।

खिलाता है वो मुझे दिलखुश मिठाई,
पिलाता शूबीरस, जैसे कि रसमलाई।

अब तो मैं गुनगुनाता रहता हूँ,
सदा गीत गाता चलता रहता हूँ।

विषय वैतरणी से क्षीर सागर पहुँचाया,
नाव को पार पाकर मैं तो खूब हर्षाया।

यह दिव्य अलौकिक जन्म वन्डरफ़ुल,
ऊर्जा से भरा मैं, जैसे सूरजमुखी फूल

अब तो मैं गुनगुनाता रहता हूँ,
सदा गीत गाता चलता रहता हूँ।

ज्ञान का ब्रह्मा भोजन मेरे लिये अमृत,
योग की शक्ति से मैं आत्मा हुई तृप्त।

मिला है मुझे अनमोल खज़ाना ,
खुशी का नहीं रहा अब ठिकाना।

अब तो मैं गुनगुनाता रहता हूँ,
सदा गीत गाता चलता रहता हूँ।

कविराज : बी के निखिलेश भाई, मधुबन

आज की ताज़ा ख़बर

सुनो सुनो अदृश्य आत्मायें, आज की ताज़ा ख़बर,
मिल रही है स्वयं भगवान से ये अनोखी ख़बर।

तुम हो निराकार, ज्योतिस्वरूप, अजर, अमर और निराधार,
आई हो प्रकाश की नगरी से इस साकार दुनिया में मुसाफ़िर बनकर।

गुज़रती हो इस जन्म-मरण के चक्र में पात्रधारी बन बार-बार,
आज हो यहाँ, कल हो कहाँ – अनगिनत बार किया है ये रुहानी सफ़र।

पर रहो तुम सदा ही खुश, मौज में, बेफ़िकर,
साथ हैं तुम्हारे हसीन दिलवाले बाबा हर मोड़ पर।

सुनो सुनो हे विशेष आत्मायें, आज की ताज़ा ख़बर,
इन श्रेष्ठ घड़ियों में पधारे स्वयं परमात्मा इस धरती पर।

कर लो जन्म-जन्म की प्यास पूरी उनसे मिलने के इस अवसर पर,
वो हाज़िर हैं हर रिश्ता निभाने के लिए तुम्हारे दर पर।

खुद भरपूर बनकर दो इस जगत को मदद – आधार, उद्धारमूर्त बनकर,
फँसे हैं सब दलदल में और आ रही है रहम की पुकार।

दो सहारा भटके हुए अपने भाइयों को,
और कराओ उनकी भी नैया पार।

79

सुनो सुनो हे अचल अडोल आत्मायें, आज की ताज़ा ख़बर,
आओ ईश्वर की शरण में अब इस पुरानी दुनिया को छोड़कर।

अब होने वाला है परिवर्तन इस सृष्टि का हर प्रकार,
होगी हलचल पाँच विकारों की और पाँच तत्वों की पूरे विश्वभर।

बज रही है महाभारी महाभारत युद्ध की रणभेरी चारों ओर,
रहना है तुम्हें सजग प्रति पल, आन्तरिक शक्तियों से सजकर।

बन जाओ विजयी अब इन कमज़ोरियों पर,
क्योंकि अब नहीं तो न होगी अगली बार।

सुनो सुनो अदृश्य आत्मायें, आज की ताज़ा ख़बर,
मिल रही है स्वयं भगवान से ये अनोखी ख़बर।

★ ★ ★

कवयित्री : बी के दिव्या बहन, GHRC

तीन नम्बर की बकरी

अमृतवेले की शांति में जब मन जागा,
तब रुह ने बाबा से प्रेम का संदेश माँगा।

मधुर मुरली ने सुनाई एक बात,
तीन बकरियों की थी गूढ़ सौगात।

लिखा था बकरियों में नम्बर – एक, दो और चार,
तीसरी कहाँ गई – हुआ सबका विचार।

मन के आँगन में उठा एक शोर,
ढूँढने लगे सब बकरी की डोर।

बाबा बोले, “बच्चे, ये बकरी की नहीं, मैं पन की बात है,
जो 'मैं-मैं' करती, वही उलझन का राज़ है।

मैं पन ही वो बकरी है जो मन में डेरा डाले,
जिसे खोजते सब बाहर, वो मन में ही बसेरा डाले।

बकरी नम्बर तीन थी बस एक मिसाल,
व्यर्थ खोज में मत रखना ख़्याल।

मन के कोने में जो भ्रम बसता,
वही हमें माया में उलझाए रखता।

ज्ञान, गुण, शक्ति – मेरे उपहार,
इन्हें सजाओ, यही है सच्चा श्रृंगार।

मन की गलियों से भ्रम मिटाओ,
बाबा की याद में ज्योति जगाओ।

बकरी नम्बर तीन सिखाती यही बात,
गुणों में रम जाओ – अमृतवेले की सौगात।

★ ★ ★

धर्मराज का वारंट

जागो-जागो दुनिया वालों, समय को पहचानो,
आया धर्मराज का वारंट, पुण्य करने की ठानो।

वक्त नहीं सोने का, अज्ञान-निद्रा त्यागो,
राजयोग की दौड़ से परमधाम को भागो।

आगे समय आ रहा बहुत भयानक,
सब कुछ बदल जाएगा अचानक।

जागो-जागो दुनिया वालों, समय को पहचानो,
आया धर्मराज का वारंट, पुण्य करने की ठानो।

युग-परिवर्तन के चलेंगे प्रबल तूफ़ान,
मरने-मारने को आतुर होंगे सब इंसान।

दसों दिशाओं से होगा खतरनाक हमला,
सब सत्ताओं में होगा बहुत भारी घपला।

जागो-जागो दुनिया वालों, समय को पहचानो,
आया धर्मराज का वारंट, पुण्य करने की ठानो।

जल्द ही सभी तरफ़ मचेगा कोहराम,
फिर नज़र आएगा निराकारी राम।

भूत-चुड़ैलों का भी अचानक वार होगा,
हिसाब-किताब सब चुकता करना होगा।

81

जागो-जागो दुनिया वालों, समय को पहचानो,
आया धर्मराज का वारंट, पुण्य करने की ठानो।

दुनिया में होगा अब अन्तिम संग्राम,
बारूद-बमबारी से भयानक परिणाम।

कर लो अब तो कुछ श्रेष्ठ पुरूषार्थ,
जमा हो जाए कुछ पुण्य परमार्थ।

सुन विनाश की आहट, मत बनो अलबेले,
एक शिवबाबा को याद करो, हो अकेले।

जागो-जागो दुनिया वालों, समय को पहचानो,
आया धर्मराज का वारंट, पुण्य करने की ठानो।

★ ★ ★

कविराज : बी के विक्रम भाई, बोकारो, झारखंड

सोल के बोल के रोल के गोल

सोल के बोल पवित्रता के गोल,
मीठे बोल प्यारे बोल सोल के रोल।

सोल के बोल हैं बहुत अनमोल,
समझे सिर्फ सुप्रीम सोल के बोल।

सोल का रोल 84 जन्मों का चक्र गोल,
चारों युगों में सोल रोल बहुत अनमोल।

सोल का रोल 84 जन्मों का चक्र गोल,
चारों युगों में सोल रोल बहुत अनमोल।

परमात्मा को प्यारा है सोल का रोल,
जो समझ सके सिर्फ प्योर सोल।

मत उलझो माया के बोल में,
धँस जाओगे दलदल के खोल में।

हर सोल का रोल है बहुत प्यारा,
तुम रहो सिर्फ सदा न्यारा प्यारा।

परमात्मा है सबसे ऊँची सुप्रीम सोल,
हमको लाड़ प्यार करती है गोल-गोल।

सोल के बोल हैं अलौकिक बोल,
कम, धीरे, मधुर और सारयुक्त बोल।

82

सोल के बोल का गोल बाप समान बनना,
सोल के रोल का गोल मनुष्य से देवता बनना।

सोल का गोल अशोक वाटिका में जाना,
ना कि छौंक वाटिका में चोक हो जाना।

परमात्मा के बोल हैं बहुत अनमोल,
बाकी सब हैं माया के गोल-गोल।

सोल के बोल पवित्रता के गोल,
मीठे बोल प्यारे बोल सोल के रोल।

★ ★ ★

कवयित्री : बी के दीपाली बहन, मधुबन

नहले पे दहला

हे माया, सुन ले – तुम कितना भी चलाओ नहला,
दहला बन बाबा की मदद से बनूँगा नम्बर पहला।

अमृतवेले माया सुस्ती, आलस्य रूप में आती,
सर्वशक्तिवान की शक्ति से माया भाग जाती।

अमृतवेला बाबा देते बच्चों को वरदान,
सम्पूर्ण सजग हो बैठो, होंगे पूरे अरमान।

बहानेबाज़ी के रूप में माया मुरली के समय आती,
परम शिक्षक की शिक्षा से ज़िंदगी धन्य बन जाती।

सेवा के समय माया आती जैसे मान-शान,
बाबा को साथ रखो तो रहे सदा स्वमान।

ट्रैफ़िक कन्ट्रोल में होती सेवा की जल्दी,
भगवान का आदेश है – नहीं करो गलती।

एक बाप, दूसरा न कोई, न किसी से कोई संबंध,
संसार के सारे संबंध माया में फँसने के है प्रबंध।

नुमाशाम, "फुर्सत नहीं" कहकर करते बहाने,
पवित्रता के सागर में जब जाना चाहिए नहाने।

रात्रि सोते समय होता डिजिटल प्रभाव,
फिर होता बाबा की उपस्थिति का अभाव।

हे माया, सुन ले – तुम कितना भी चलाओ नहला,
दहला बन बाबा की मदद से बनूँगा नम्बर पहला।

कविराज : बी के आशीष भाई, मधुबन

संगत की रंगत

बाबा, आपकी संगत की रंगत है बड़ी सुहानी,
आपकी मुरली की तान से बनती शान रुहानी।

योग की संगत अतीन्द्रिय सुख की रंगत,
उड़न-खटोले में उड़ते दिव्यता की संगत।

बाबा, तेरी संगत करती दिव्य गुण श्रृंगार,
शक्तियों की रंगत जीवन में लाती फुहार।

बाबा, आपके संग खाते दिलखुश मिठाई,
माया की हो जाती सदा जीवन से विदाई।

बाबा, तेरी छत्रछाया में रह सफलता पाते,
कर्मयोगी बन सफलता का प्रत्यक्ष फल खाते।

बाबा, आपकी संगत से पहाड़ बनते रुई,
जीवन सम्भालते, ध्यान रखते — न चुभे सुई।

तेरे संग में बनते हम दिल-तख़्तनशीन,
संकल्प, बोल, कर्म में रंगते जैसे दिव्य मशीन।

बाबा, आपकी संगत की रंगत है बड़ी सुहानी,
आपकी मुरली की तान से बनती शान रुहानी।

कवयित्री : बी के त्रिवेणी बहन, मधुबन

ख़ुशी का नहीं ठिकाना

ख़ुशी का ठिकाना नहीं अब,
जगा आत्मा का चैतन्य दीप जब।

बाबा से मिला श्रेष्ठ ज्ञान का भण्डार,
योग-अनुभूति से आत्मा हुई भावविभोर।

जुड़ी मन की तार, जैसे बाबा ही संसार,
मिली अदृश्य ख़ुशी – आत्मा का मूल संस्कार।

सर्वशक्तिमान से मिली शक्ति अपार,
जीवन को मिला सर्व गुणों का उपहार।

सच्ची ख़ुशी का ठिकाना नहीं अब,
रमती है रूह खुद के रंगों में जब।

नाम, मान, शान, निंदा, स्तुति से परे,
हुए व्यक्ति वैभव के आकर्षण से भी परे।

अतीन्द्रिय सुख पाया संगम की शुभ घड़ियों में,
मत गँवाना इस अनोखे समय को व्यर्थ व स्थूल बातों में।

इस अनूठी ख़ुशी का ठिकाना नहीं अब,
हुई स्वयं की सत्यता की पहचान जब।

मन को ख़ुशी के सागर में डुबोने से हुआ गज़ब,
ड्रामा का हर दृश्य अनुभव होता अजब।

ख़ुशी का ठिकाना नहीं अब,
जगा आत्मा का चैतन्य दीप जब।

कवयित्री : बी के दिव्या बहन, GHRC

अलबेली आत्मा के बदलते तेवर

अलबेली आत्मा के बदलने लगे अब तेवर,
जब से बाबा ने पहनाए ज्ञान रत्नों के ज़ेवर।

बाबा कहते बच्चे – अभी नहीं तो कभी नहीं,
समय भाग रहा है, रुकता कभी कहीं नहीं।

भोजन, श्वास और शरीर की सम्वेदनाएँ –
इन पर ना जब तक काम करोगे,
तब तक ज्यों के त्यों खाली ही रह जाओगे।

राग और द्वेष – यही तेरे दो शत्रु, इन्हें भली भाँति पहचान,
फिर देख, कैसे हो जाता पुरुषार्थ तीव्र और आसान।

बैठ जा एक जगह मौन में, कर दृढ़ता का अधिष्ठान,
फिर ना करना पड़ेगा दूजा कोई और अनुष्ठान।

हर समय सदा साक्षी बनकर समता में रहना सीख,
फिर न माँगनी पड़ेगी किसी से कोई सहयोग की भीख।

युगांतर का द्वार – अमृतवेला, यही है सच्ची अमृतवाणी,
कर नित इनका रसपान, क्या पता कब निकल जाए तन से प्राण।

हे अलबेली आत्मा, अब तो बदल अपने तेवर,
क्योंकि तुझे अब बनना है सच्चा सोना फ़ॉरएवर।

कविराज : बी के श्रीकांत भाई, गोंदिया, महाराष्ट्र

रोया ना करो

माया को देखकर कभी रोया ना करो,
माया है पेपर टाइगर, घबराया ना करो।

बीमारी, परीक्षाओं से हताश हो रोया ना करो,
बाबा की याद से, दुआओं से पार किया करो।

लौकिक-अलौकिक से आए विघ्नों को देखकर निराश ना हुआ करो,
लाइट माइट हाउस बन, पहाड़ जैसे विघ्नों को
रुई समान बनाकर पार किया करो।

बेमतलब बदनामियों से, तानों से कभी रोया ना करो,
एक बल, एक भरोसे, दृढ़ता की बेल्ट से अचल रह, आगे बढ़ा करो।

दूसरों की उन्नति को देखकर दिल छोटा ना किया करो,
बाबा की लगन में मगन होकर आगे बढ़ा करो।

सुनी-सुनाई बातों से घबराया ना करो,
सच्चाई, सफाई, ईमानदारी से अटल रहा करो।

पुराने हिसाब-किताब, पुराने संस्कारों से तंग होकर रोया ना करो,
सदा बाबा, दादी, दीदियों के जीवन चरित्र से सीखकर आगे बढ़ा करो।

बाबा की मुरलियों के इग्ज़ाम पेपर देखकर टेंशन में ना आया करो,
बाबा की श्रीमत से इग्ज़ाम में 100 परसेंट मार्क्स लिया करो।

कविराज : बी के चन्द्रशेखर भाई, मधुबन

खुशी इतनी कि बात मत पूछो

कुछ अन्य बनना, होगा,
कहीं और पहुँचने से मुक्त आज –
तो खुशी इतनी कि बात मत पूछो...

चैतन्य अभिव्यक्ति का माध्यम – संकल्प, विचार, मन,
समता, श्रेष्ठता, शुभता – ऊर्जा सम्पन्न जीवन...

स्वचिंतन, स्वदर्शन, स्वपरिवर्तन – मौन का मोक्ष द्वार,
अन्तर्मुखी का निलय, मन विमुक्त चैतन्य...

वास्तविकता की चरम स्वीकृति, सत्य का कठोर अवतरण,
आत्म-साक्षात्कार, जीवन रूपान्तरण...

सांसारिक अभिज्ञता, चैतन्य अनुभव, आत्म-अनुभूति,
जीवन-दर्शन की गहन अभिप्रेरणा...

स्व-परिष्कार, उत्कर्ष के प्रति समग्र समर्पण,
अस्तित्व का गहन बोध, चित्त का प्रबोधन...

कर्तव्य-पूर्ति, दायित्व-निर्वहन, उत्तरदायित्व का आत्मीकरण,
ज्ञान-योग की धारणा, उमंग, उत्साह, आनंद का अवतरण...

भाव, भावना, सम्वेदनाओं की जीवन्तता –
पूर्ण, परम संग जीवन...

कविराज : बी के अखिल भाई, GHRC

यही बहार है दुनिया भूल जाने की

यही बहार है दुनिया को भूल जाने की,
प्रभु से मधुर-मधुर मिलन मनाने की।

ग़म के थे छाए बादल, उदासी की थी घटाएँ,
दुनिया ये लग रही थी, अनजानी सी पराई।

दिल में थी चाहत प्रभु को पाने की,
यही बहार है दुनिया को भूल जाने की।

प्रभु के संग है रहना, उनके जैसा है बनना,
ज्ञान रत्नों से है सजना, गुणों की खान है बनना।

उनसे बातें करने की, मुलाकातें करने की,
तमन्नाएँ थीं जो दिल में, अब सब हुई हैं पूरी।

यही बहार है दुनिया को भूल जाने की,
प्रभु से मधुर-मधुर मिलन मनाने की।

दुनिया से वैराग्य तो था, पर कोई आधार न था इसे भुलाने का,
अब तो आधार भी है, प्रभु तेरा साथ भी है इसे भुलाने का।

बस अब तो दिल में एक ही आग है,
प्रभु, बस एक तुझे याद करने की।

यही बहार है दुनिया को भूल जाने की,
प्रभु संग मिलन मनाने की।

अजनबी सी है ये दुनिया, पराए से हैं लोग,
चेहरे से लगते हैं अपने, पर दिल में भरी है खोट।

ऐसी स्वार्थी दुनिया से युक्ति मिली है दूर रहने की,
बस प्रभु के संग है रहना, नहीं ज़रूरत है और किसी की।

यही बहार है दुनिया को भूल जाने की,
प्रभु से मधुर-मधुर मिलन मनाने की।

जीवन में अंधकार था, प्रकाश का अभाव था,
भटकता चहुँ ओर, पाने को प्रकाश था।

मन में थी खोज सत्य को पाने की,
अब तो मिली तेरी मुरली गुनगुनाने की।

यही बहार है दुनिया को भूल जाने की,
प्रभु से मधुर-मधुर मिलन मनाने की।

तन का भान मिटा, मन का अभिमान छंटा,
स्मृति को स्वमान मिला, अज्ञान अंधकार हटा।

यही तो ऋतु है आत्मा के जागरण की,
दिल में सदा बसी सूरत परमात्मा की।

यही बहार है दुनिया को भूल जाने की,
प्रभु से मधुर-मधुर मिलन मनाने की।

कविराज : बी के अरविन्द भाई, मधुबन

ब्राह्मणों के गुनाह, धर्मराज के कानून

बार-बार अभी गलती मत करो, कठोर हो जायेगा संस्कार,
उसको मिटाना मुश्किल होगा – कब जाओगे घर?

चन्चल मन, भटकती बुद्धि, पुराना संस्कार,
इनको जानो, समझो, अपना करो उद्धार।

ब्राह्मणों के ऊपर है दुनिया का मदार,
अपने पुरुषार्थ में रहो सदा ख़बरदार।

गुनाह करे ब्राह्मण, धर्मराज का एतराज़,
बहानेबाज़ी छोड़, याद करो – मिलेगा ताज।

आलस्य, अलबेलेपन का छोड़ो तकिया-रजाई,
उठो, जागो, करो पुरुषार्थ – सजा ले ले विदाई।

चारों तरफ दिखाई दे रही विनाशकाल की घड़ी,
अब कोई बच न पायेगा – धर्मराज की लगेगी छड़ी।

हर पल जागना होगा, हर पल रहे होश,
ऐसा विकर्म न हो जो फैले आक्रोश।

अब तो अनेक जन्मों के कर्म का हिसाब देने की बारी,
अब ब्राह्मण जाग जाओ – न करो ग़फ़लत भारी।

खालीपन और खोखलापन की हो रही महसूसता,
स्थिति गिरना, अवस्था बिगड़ना ही है सज़ा।

सबको आँख देने वाले से छिपाओगे कब तक?
सबको कान देने वाले से बच पाओगे कब तक?

बार-बार अभी गलती मत करो, कठोर हो जायेगा संस्कार,
उसको मिटाना मुश्किल होगा – कब जाओगे घर?

★ ★ ★

जाने कहाँ गये वो दिन

जाने कहाँ गये वो दिन –
जब ज्ञान में चले थे तो कितनी खुशी और नशे में उड़ते थे,
अब उस नशे और खुशी को याद कर ही रह जाते हैं।

जाने कहाँ गये वो दिन –
जब पहली बार मधुबन आये थे तो ऐसा लगा कि मानो स्वर्ग में आ गये हैं,
सब सुख अनुभव करते ऐसा लगा कि सुखों के सागर में समा गये हैं।

जाने कहाँ गये वो दिन –
जब दादियाँ एक-एक को मिलतीं, दृष्टि देकर नज़र से निहाल कर देती थीं,
असीम आत्मिक प्यार की, बाबा की भासना दिलाती थीं।

जाने कहाँ गये वो दिन –
जब डायनिंग हॉल में दादियाँ माखन मानी खिलाती थीं,
और बाबा की अनुभूति कराकर, ईश्वरीय परिवार की भासना दिलाती थीं।

जाने कहाँ गये वो दिन –
जब सारा दिन सेवा करते-करते कभी नहीं थकते थे,
"बाबा करा रहा है, चला रहा है, शक्ति भर उड़ा रहा है" ऐसा अनुभव करते थे।

जाने कहाँ गये वो दिन –
जब अव्यक्त बापदादा से एक-एक पर्सनल मिलते, दृष्टि पाते, वरदान पाते,
हाथ में हाथ देकर शक्ति भरते, टोली खाकर तो सभी फूल की तरह खिल जाते थे।

जाने कहाँ गये वो दिन –

कविराज : बी के छोटेलाल भाई, मधुबन

रंग-बिरंगी माया के दाग

ए अजनबी, उठ! अस्मिता पर लगे हैं मोहिनी माया के दाग,
जाग जा अब, लगी है चहुँ ओर वासनाओं की आग।

ये रिश्ते, ये नाते रहते नहीं हैं सदा संग,
विकृत स्मृतियों की छाया का चढ़ा है रंग।

कैसे मिटेंगे काली करतूतों के धब्बे और दाग,
अपने को सौंप उसके हवाले – यही है योग की आग।

ए अजनबी, उठ! अस्मिता पर लगे हैं मोहिनी माया के दाग,
जाग जा अब, लगी है चहुँ ओर वासनाओं की आग।

इस दुनिया में मत कर जीने की पहल,
यह है भूतों का बंगला, चुड़ैलों का महल।

मत इतरा अपनी पद-प्रतिष्ठा की साख,
रूप, रंग, दौलत – सब हो जाएगी राख।

ए अजनबी, उठ! अस्मिता पर लगे हैं मोहिनी माया के दाग,
जाग जा अब, लगी है चहुँ ओर वासनाओं की आग।

धन कमाया, नाम कमाया, माया का अम्बार लगाया,
अन्त समय जब पीछे देखा, साथ न कोई अपना आया।

पग-पग बिछे हैं सुनहरी मृगतृष्णा के भ्रमजाल,
थाम ले दामन उस प्रभु का, रहोगे खुशहाल।

ए अजनबी, उठ! अस्मिता पर लगे हैं मोहिनी माया के दाग,
जाग जा अब, लगी है चहुँ ओर वासनाओं की आग।

जाग साधक! अब योग लगा ले, मायावी दाग मिटा ले,
चमड़ी-दमड़ी की रंग-बिरंगी माया के दाग जला ले।

चेहरे और पोशाक से मत आँक स्वयं को,
अब रूह में उतरकर झाँक स्व-अस्तित्व को।

ए अजनबी, उठ! अस्मिता पर लगे हैं मोहिनी माया के दाग,
जाग जा अब, लगी है चहुँ ओर वासनाओं की आग।

कविराज : बी के सुशील भाई, मधुबन

मरना तेरी गली में, मरना तेरे गले में

मरना तेरी गली में – ये कोई अन्त नहीं, आरम्भ है,
जहाँ देह की सीमा टूटे, वहाँ अमरत्व का वास है।

तेरी गली में कदम रखूँ तो माया भी नज़रें झुका ले,
तेरी याद की अग्नि में हर बंधन भस्म हो जाए।

मरना तेरे गले में – मतलब मिल जाना तेरे नूर में,
तेरी झोली में सिर रख दूँ, और खो जाऊँ तेरे सुरूर में।

तेरी मुरली की तान में मिटे अहंकार का नाम,
बस "मैं आत्मा हूँ" – ये स्मृति बने मेरा परमधाम।

तेरे गले में मरना – यानि तेरी बाँहों में लीन होना,
तेरे शक्ति-सागर में अपनी बूँद का विलय होना।

जहाँ तू, वहीं मैं – कोई दूरी न रहे अब और,
तेरी दृष्टि से ही जग देखूँ, बनूँ तेरे प्रेम का शौर्य-विहंग।

तेरी गली में मरना – मतलब माया से पार उठ जाना,
तेरे नाम का जाप करते-करते खुद को भूल जाना।

जहाँ तू बसे, वही मेरा जीवन बन जाए,
जहाँ तू बोले, वहीं से मेरी वाणी बह जाए।

न शरीर की चाह, न संसार का मोह,
तेरे प्रकाश में ही मेरी आख़िरी श्वास हो।

मरना अगर है – तो तेरे गले में मरना चाहूँ,
तेरी याद में जीना, तेरी याद में मरना चाहूँ।

कविराज : बी के सुखदेव भाई, GHRC

अंधे की औलाद अंधे

अंधे की औलाद अंधे, कहा था द्रौपदी ने एक दुर्योधन को,
पर सारा संसार ही तो बना है अंधा।

कोई काम में अंधा, तो कोई नाम में अंधा,
कोई क्रोध में अंधा, कोई प्रतिशोध में अंधा।

कोई लोभ में अंधा, तो कोई प्रलोभ में अंधा,
कोई मोह में अंधा, तो कोई विद्रोह में अंधा।

कोई अहंकार में अंधा, तो कोई संस्कार में अंधा,
कोई व्यक्ति में अंधा, तो कोई इच्छाओं के भंवरजाल में अंधा।

जब सारे संसार में हुई अंधा धुन्ध अंधो की,
तब आए इस धरा पर प्रभु रोशनी देने।

जब देते रोशनी ज्ञान की, तब जगमगाए ज्योति आत्मा की,
परिवर्तन होते संस्कार आत्मा के, जब मिलती रोशनी योग की।

दिव्य गुणों से प्रफुल्लित होती आत्मा,
जब आती है रोशनी ज्ञान धारणा की।

पद्मापद्म भाग्यशाली बन जाती आत्मा,
जब मिलती रोशनी ईश्वरीय सेवाओं की।

रोशनी के बल से जब खत्म होता अंधो का झमेला,
यही है सुख, शांति, प्रेम से भरपूर होने की वेला।

कविराज : बी के विठ्ठल भाई, मधुबन

रूठा ना करो

तुम रुठा ना करो दूसरों की उन्नति देखकर,
हर आत्मा का समय अलग है, गति अलग है।

ईर्ष्या की आग में जलकर क्या पाओगे,
अपने ही को देख भविष्य बनाओगे।

जो खिल रहा है, उसका पुरुषार्थ है,
जो रुक गया है, वह रहम का पात्र है।

तुम रुठा ना करो अपने ही पुरुषार्थ को देखकर,
सर्वशक्तिवान बाप पार करा लेगा – सब बातों में कल्याण समाया हुआ है।

बस, अपना धूल उठाओ, संशय मिटाओ,
अपना सूरज पहचानो और मुस्कुराओ।

तुम रुठा ना करो दूसरों की उन्नति देखकर,
तुम रुठा ना करो अचानक परिस्थिति से – अनिश्चितता में एडवेन्चर है।

बाबा, हम से रुठा ना करो,
तीव्र पुरुषार्थ से जल्दी ही पिक-अप कर लेंगे।

तुम रुठा ना करो किसी की सफलता को देखकर,
बस, ताली बजाकर 'वाह-वाह' करो।

तुम रुठा ना करो, अतीन्द्रिय सुख में झूलते रहो,
और बहलाने के लिये सारा ईश्वरीय परिवार है।

बाबा, हम आपस में क्यों रुठें?
आपके बिना हम चल नहीं सकते, और हमारे बिना आप नहीं चला सकते।

तो हमारी फ्रेन्डशिप कायम है,
बाबा, आप रुठकर परमधाम में बैठ नहीं जाना।

हमारे साथ सतयुग में चलना –
कभी रुठना नहीं मुझसे, बाबा,
मेरे जैसा दीवाना आपको कहाँ मिलेगा।

कभी इन ऋतुओं से रुठना नहीं –
शीघ्र ही स्वर्णिम सवेरा आ जायेगा।

भाईजी, हमसे कभी रुठना मत –
जल्दी ही फलाहारी बन जायेंगे।

कविराज : बी के नागराज भाई, मधुबन

जले न क्यों परवाना

शमा की रोशनी देखकर,
84 जन्मों की प्रालब्ध पाकर।

संगमयुग में सच्चा संग पाकर,
तीनों लोकों की सैर कर कर।

जले न क्यों परवाना

रूह की परम रूह से मौज महसूस कर,
आँखों ही आँखों में बात कर कर।

दिल से दिल मिलाकर,
रोम-रोम में जादू चलाकर।

जले न क्यों परवाना

अमृतवेले का अमृत पीकर,
मुरली की तान पर नाचकर।

अलौकिक पिता पाकर,
ब्रह्मा भोजन खाकर।

जले न क्यों परवाना

नुमाशाम को पवित्र किरणें फैलाकर,
चारों धामों की यात्रा कर कर।

अव्यक्त मिलन मनाकर,
दिलाराम के दिल में बसकर।

जले न क्यों परवाना

बिछुड़े हुए साजन को पाकर,
साजन से सच्चे दिल की रूहरिहान कर।

शमा पर परवाना फ़िदा होकर,
छुप-छुपकर दिल ही दिल में बसाकर।

जले न क्यों परवाना

शिव की अर्धांगिनी बनकर,
अपना सब कुछ उस पर न्योछावर कर।

रूहों को परम रूह से मिलाकर,
राम की सच्ची सीता बनकर।

जले न क्यों परवाना

कवयित्री : बी के दीपाली बहन, मधुबन

माला के बिखरे मोती

माला के केन्द्र पर बिखरी उदासी,
परिधि पर मोती सारे बिखरे, रही प्यासी की प्यासी...

जीवन उद्देश्य की पूर्ति हेतु थी अग्रसर,
अतृप्त व्रत ही रह गया किन्तु यह सफ़र...

पुनः माला का ध्येय – विश्वास स्वयं पर,
अनुशासित - जीवन्त - सुरभित - परम जीवन डगर...

निशा बीती, हुआ ऊषा को आकर्षण,
तज प्रदर्शन, त्वरित हुई चेतना, अवतरित - जीवन दर्शन...

पुरूषार्थ से भरी पूरी, सम्पन्नता की ओर,
बिखेरती दसों दिश उत्साह की भोर...

स्वान्तः सुखाय, स्वयं में पूर्ण, फैलाती खुशी,
उपस्थिति मात्र से होती रोशनी...

विभिन्न मनोदशाओं - मानसिकताओं को संजोए,
क्षमताओं - असंख्य सम्भावनाओं के.. भिन्न-भिन्न पुष्प स्वयं में पिरोए...

अस्तित्व हैं लहरों का सागर ही,
पूर्णता है, जल तरंगों की जल ही...

97

अर्जुन और कर्ण हुए हैं संगठित अभी तो केवल,
निज आभा से लिखते मानवता का इतिहास धवल...

विकास वृक्ष पर पुन: खिले, नव पुष्प युगों के बाद,
संसार में, तेज पाएगा नव आकाश...

समग्र यदि - किन्तु - परन्तु - आपसी संघर्ष, था केवल ऊपरी रिक्तता का क्षण,
अस्तित्व बोध की अनुभूति, चैतन्य के अनुभव से मिटे सारे घर्षण...

★ ★ ★

आप आए, बहार आयी

आप आए बाबा, बहार आयी,
हर श्वास में आपकी याद समायी।

यह मन आपको समर्पित, आप ही सब कुछ मेरा,
मेरी ये साँसें बनें आपका बसेरा।

आपके रंग में, बाबा, मन ऐसे निखरे,
हर कमज़ोरी की छाया जैसे खुद ही बिखरे।

आप आए बाबा, बहार आयी,
रूह में आपकी ज्योति समायी।

आप ही मेरे प्रेम हो, बाबा, आप ही हैं दुलार,
आप ही मेरे जीवन, बाबा, आप ही हैं आधार।

मन में हर पल आपकी याद समायी,
जिसमें गल गई, 'मैं पन' की परछाई।

आप आए बाबा, बहार आयी,
मन में मेरी प्रेम-भावना समायी।

न राग रहा किसी से, न द्वेष रहा मेरा,
मन में रमे आपकी याद जैसे हो उजियारा।

हर आत्मा में देखूँ, बाबा, गुणों का भण्डारा,
ना लगे कोई दोषी मुझको, हर कोई लगे प्यारा।

आप आए बाबा, बहार आयी,
दिल में मेरी सम-भावना समायी।

आप ही श्वास, बाबा, आप ही सहारा,
नयन बने मेरे जैसे आपका नज़ारा।

आप आए बाबा, बहार आयी,
हृदय में मेरे, आपकी छवि समायी।

आप आए बाबा, बहार आयी,
हृदय में मेरे, आपकी छवि समायी।

★ ★ ★

कवयित्री : बी के दीपा बहन, पोखरा - नेपाल

बहारों फूल बरसाओ

बहारों फूल बरसाओ,
मेरे माधव के रुहानी आगमन में,
आत्मा प्रेम की मोर बन,
झूम उठे इस अनोखे मिलन में।

मन का उपवन बंजर था पहले,
अज्ञान की थी धूल,
ज्ञान की बूँदें पाकर अब,
हर संकल्प बना है फूल।

बहारों फूल बरसाओ,
इस नए जन्म की खुशी में,
मनाएँ हर घड़ी को,
नयी चेतना की ज्योति में।

स्मृति-सुगन्ध से महके हर कोना,
हर श्वास बने उपहार,
बाबा की याद रुपी लहर से,
उमड़ता है प्रेम-संसार।

बहारों फूल बरसाओ,
आत्मा की बेड़ियाँ हट गईं,
खुशियों का जश्न मनाओ,
अब रूह आज़ाद हो गई।

संगम का ये मौसम प्यारा,
हर आत्मा बनती दिव्य सितारा,
मिलन की यह रुहानी बहार,
भर दे जीवन में उजियारा।

बहारों फूल बरसाओ,
आज मैंने प्रभु को पाया,
इंतजार की घड़ी मिट गई,
मिलन का पर्व सज गया।

कवयित्री : बी के रम्या बहन, GHRC

वैराग रागिनी

मिटती दुनिया को भुला दे,
अन्तर का दीप जला दे।
माटी की माया छोड़ के,
शिव से नाता जोड़ ले।

संसार का ये खेल है भंवर,
तृष्णा का हर घूँट है ज़हर।
समझ इसे एक भ्रम का मेला,
हर राही है यहाँ अकेला।
अब हर बंधन तोड़ दे,
शिव से नाता जोड़ ले।

देख क्षणभंगुर सब नाते,
केवल दुःखों की ओर ले जाते।
जिनसे थी आस सुख की कभी,
वही हर बार आँसू दे जाते।
अब हर बंधन तोड़ दे,
शिव से नाता जोड़ ले।

अपनों ने ही खेले ऐसे दाँव,
दिल पे छोड़ गए गहरे घाव।
अब छूट गया हर मिथ्या भाव
मन से मिटे सारे लगाव,
अब हर बंधन तोड़ दे,
शिव से नाता जोड़ ले।

काँच के सपनों का यह जाल
माया पल-पल करे बेहाल।
ना इसमें प्यार या कोई सार,
हर रिश्ता निकला बस व्यापार।
अब हर बंधन तोड़ दे,
शिव से नाता जोड़ ले।

कविराज : बी के डॉ सचिन भाई

प्रभु प्रेम के सौ रंग

(100 कविताओं के विषयों पर आधारित एक महाकाव्य)

बाबा, आपसे जो मिला, वह हम बताएँ कैसे?
बाबा, आपने जो दिया, वह हम दिखाएँ कैसे?

मन की शांति के लिए न जाने कहाँ-कहाँ
भटक रहे थे,
सच्चा प्रेम पाने के लिए न जाने किस-किस में अटक रहे थे।
आपने "मैं मुक्त मौन" की मौन-वर्षा देकर
भटके मन को शांत कर दिया है।
आपने जीवन में वैराग्य-रस भरकर
हमें ईश्वरीय प्रेम का सच्चा उपहार दे दिया है।

क्षणिक सुख पाने के लिए जन्म-जन्म से तड़प रहे थे,
क्षणिक आनंद पाने के लिए जन्म-जन्मों से प्यासे थे।
आपने स्पर्शहीन अतीन्द्रिय सुख देकर
मन को परम-सुख से भर दिया है।
आपने आनंद-गंगा में डुबोकर
मन को आनंद-रस से भर दिया है।

पवित्रता को धारण करने के लिए क्या-क्या जतन कर रहे थे,
आपका क्षणिक दीदार पाने के लिए जीवन में साधना कर रहे थे।
आपने पवित्रता का परम आनंद देकर
जीवन को वासनामुक्त वसन्त बना दिया है।
आपने अपना बच्चा बनाकर
मौन-संवाद करना हमें सिखा दिया है।

बाबा, आपसे जो मिला, वह हम बताएँ कैसे?
आपने जो दिया, वह हम दिखाएँ कैसे?

शकुनि की साज़िशों ने सब कुछ लूट लिया था,
पाँच दुर्दांत ठगों ने सब कुछ ठग लिया था।
माया-मौसी ने अपनी चाल में फँसाकर रखा था,
फिर आप सत्य-प्रकाश बनकर मेरे जीवन में आए।
आपने इन लुटेरों, ठगों और मौसी की चाल से हमें बचाकर
अपने दिल-तख़्त पर बिठा लिया है।

मन की मलिनता जीवन को नर्क बना रही थी,
भावनाओं की अशुद्धि दर्द का अनुभव करा रही थी,
संस्कारों की सलवटें नीचे गिरा रही थीं।
आपने मन को निर्मल बनाया, भावनाओं को शुद्ध किया,
और संस्कारों की सलवटों को दूर कर
जीवन को मधुबन बना दिया है।

"मरना तेरी गली में, मरना तेरे गले में" – कहकर माया पीछे पड़ी थी,
असंग की आरती ने जीवन को नीरस बना रखा था,
पेपर टाइगर के ख़ौफ़ ने मुझको डरा रखा था।
आपने माया से पीछा छुड़ाया, असंग की आरती से बचाया,
पेपर टाइगर के ख़ौफ़ से निर्भय बनाकर
उजड़े हुए चमन को फिर से खिला दिया है।

बाबा, आपसे जो मिला, वह हम बताएँ कैसे?
आपने जो दिया, वह हम दिखाएँ कैसे?

बाबा, आप अवढरदानी बनकर,
दिव्य संकल्प का महत्व बताकर,
वरदानों की रूहानी खेती से हमें भरपूर बना रहे हो।

आप नीलकण्ठ बनकर, वाणी के विष को पीकर,
स्मृति की खरोंचों को मिटा रहे हो।

आप शिक्षक बनकर मोहभंग-मन्थन कराकर,
परम-पथ पर चलना हमें सिखा रहे हो।

बाबा, आप पतित-पावन बनकर,
नेत्रों की नकारात्मकता को समाप्त कर,
रंग-बिरंगी माया के दागों को मिटा रहे हो।

बाबा, आप नटराज बनकर,
मोह-त्याग-संगीत सुनाकर,
निर्विकारी नृत्य करना हमें सिखा रहे हो।

बाबा, आपसे जो मिला, वह हम बताएँ कैसे?
आपने जो दिया, वह हम दिखाएँ कैसे?

कभी-कभी सोचता हूँ, जाने कहाँ गए वो दिन,
जब हम आपके अवतरण का इन्तज़ार किया करते थे।
"बाबा से मिलन मनाने आ जाओ" –
इस गीत के मधुर संगीत पर
मन में स्नेह-दीप जल उठते थे।

आपके आते ही आपकी बोलती निगाहें,
बिना कुछ कहे ही सब कुछ बयाँ कर देती थीं।

आपका "आज बोलते ही मेरा बाबा आ गया"
दिल में गूँजने लगता था।

आप जब हाथ में टोली लेकर
सबको मुँह खोलने का इशारा देते थे,
तो मन कहता था – जी ले यह पल,
पता नहीं, कल दुबारा मिले न मिले।

आपकी मीठी मुस्कान को देखकर,
दिल में "हमीं अस्तो, हमीं अस्तो" की धुन बजने लगती थी।

आपके मधुर बोल सुनकर,
"भगवान मेरा साथी है" – यह सोचकर
रोम-रोम पुलकित हो जाता था।

"आज भी देते हो बाबा पालना साकार की" – विदाई के समय
यह गीत सुनकर दिल प्रभु-प्रेम-रस से भर जाता था।

बाबा, आपने कमाल कर दिया –
गीत की धुन सुन जीवन-डोर आपसे बंध जाती थी।

"चलते-चलते" और "आँखों में तेरे बाबा" – इन गीतों को सुन
दादियों की भी खुशी के ठिकाने नहीं रहते थे।

बाबा, आपसे जो मिला, वह हम बताएँ कैसे?
आपने जो दिया, वह हम दिखाएँ कैसे?

बाबा, आपने जो हम पर एहसान किया है –
वह जान हाज़िर करके भी चुकाया नहीं जा सकता।
अगर आप न मिलते तो हम कहाँ होते?
इच्छाओं के भंवरजाल में फँसकर कहीं दुःख भोग रहे होते,
मंच की मोहकता पर मोहित होकर कहीं ग़म में पड़े होते,
सेवा में दिखावा करके अभिमान में आकर अपमानित हो रहे होते,
सेवा में स्वार्थ के कारण सेवा के फल से सदा वंचित रहते,
आचरण में असावधानी के कारण लोगों की नज़रों में गिरे हुए होते,
अनेक उलझनों के शिकंजों में उलझे रहते,
देह-संग के भस्मासुर बनकर खुद को ही भस्म कर रहे होते,
अंधे की औलाद 'अंधे' जैसे शब्द-भेदी
बाणों से लोगों को घायल कर रहे होते,
अलबेला बनकर समय का अपमान कर रहे होते।

बाबा, आपसे जो मिला, वह हम बताएँ कैसे?
आपने जो दिया, वह हम दिखाएँ कैसे?
कभी-कभी सोचता हूँ, अगर आप न मिलते तो हमारा क्या हाल होता?

मन के रेगिस्तान में व्यर्थ संकल्पों की आँधी जब आती,
तब "तीन नम्बर की बकरी" का राज़ बताकर हमें समर्थ कौन बनाता?
संगम के समुद्री लुटेरे जब लूटने आते,
तो ख़ुदा-दोस्त बनकर हमारा साथ कौन निभाता?
"पाँच मिनट और" के अलबेलेपन के समय,
"पुरुषार्थ का यह मौसम है" कहकर –

पाँच मिनट नहीं, अब निरंतर पुरुषार्थ करना है –
यह कौन हमें समझाता?
माला के बिखरे मोतियों से प्रभु-परिवार की माला में हमें कौन पिरोता?
संगम की संगत और धर्मराज के वारंट का राज कौन बताता?
ब्राह्मणों के गुनाह और धर्मराज के कानून का भेद कौन समझाता?

बाबा, आपसे जो मिला, वह हम बताएँ कैसे?
आपने जो दिया, वह हम दिखाएँ कैसे?

बाबा, अब दिल कहता है –
यही बहार है, दुनिया को भूल,
निर्लेप नीरवता बन जाऊँ,

परवाना बन शमा पर जल जाऊँ,
योग-सरोवर में सम्पूर्ण पावन बन
अपने वतन में लौट जाऊँ।

बाबा, अब दिल कहता है –
दिल में वैराग्य का पुष्प खिलाऊँ,
"मेरे-मेरे" के कर्म बंधन को तोड़,
हर छोर को छोड़ आप में समा जाऊँ।

बाबा, अब दिल कहता है –
"मैं" के रूप-हज़ार के बंधन से निकल
स्वमान में टिक जाऊँ,
आपसे सदा मौन-मिलन मनाऊँ,
अंतर्नाद का स्वर अब हृदय में जगाऊँ।

बाबा, आपसे जो मिला, वह हम बताएँ कैसे?
आपने जो दिया, वह हम दिखाएँ कैसे?

बाबा, आपने ही हमें बताया –
अब जीवन में वैराग्य-रंग भरने का समय आ गया है।
अब अन्तर-तप करने, पावन बनने का समय आ गया है।
अब रूपहीन रमण में रमण करने का समय आ गया है।
अब शब्दहीन साधना करके
मुक्ति और जीवन-मुक्ति पाने का समय आ गया है।
अब तप-शिखा से, हिमालय से भी ऊँची स्थिति बनाने का समय आ गया है।
अब मौन-मिलन करके मौन में रहने का समय आ गया है।
अब रोने का नहीं, सदा हर्षित रहने का समय आ गया है।
अब "खुशी इतनी कि बात मत पूछो" कहने का समय आ गया है।
अब योग-यात्रा पूरी कर घर लौटने का समय आ गया है।

बाबा, आपसे जो मिला, वह हम बताएँ कैसे?
आपने जो दिया, वह हम दिखाएँ कैसे?

सोल के रोल का गोल बताकर जीवन बनाने वाले,
समय का सम्मान करना सिखाकर पद्मों की कमाई जमा कराने वाले,
दिल में अनासक्त पद्म खिलाकर हृदय से वैराग्य दिलाने वाले –
हृदय से आपका आभार है, हम पर आपका बड़ा उपकार है।

संगम की सादगी से जीवन को महकाने वाले,
"गीत गाता चल" कहकर खुशी का ख़ज़ाना दिलाने वाले,
"एक बाबा, एक मुरली, एक मधुबन" से जीवन संवारने वाले –
हृदय से आपका आभार है, हम पर बड़ा उपकार है।

अलबेली आत्मा का तेवर बदल सजग बनाने वाले,
रोज़ की मुरली सुनाकर रोज़ की ताज़ा खबर छुड़ाने वाले,
अग्निपथ को भी फूलों का पथ बनाने वाले,
माया के नहले को ज्ञान के दहले से जिताने वाले –
हृदय से आपका आभार है, हम पर बड़ा उपकार है।

बाबा, आपसे जो मिला, वह हम बताएँ कैसे?
आपने जो दिया, वह हम दिखाएँ कैसे?

बाबा, आपने दिव्य चेतना में जो भर दिया
– वह कोई भर नहीं सकता,
बाबा, आपने भाव-यज्ञ में जो तप-कमल खिलाया
– वह कोई खिला नहीं सकता,
बाबा, आपने योग-अग्नि से जो अंग-अंग शीतल कर दिया
– वह कोई कर नहीं सकता,
बाबा, आपने मौजी राम बनकर मौजी लाल को जो दिया
– वह कोई दे नहीं सकता।
बाबा, आपके शिव-रस में जो रस है – वह किसी रस में नहीं,
बाबा, आपके शांतिकुंज में जो पुष्प हैं – वे किसी उपवन में नहीं,
बाबा, आपकी वैराग्य-रागिनी में जो राग है – वह किसी स्वर में नहीं।
बाबा, आप साथ हैं – इसलिए बेजान शरीर में भी जान है,
बाबा, आप साथ हैं – इसलिए जीवन में बहार है,
बाबा, आप साथ हैं – इसलिए बहारों से फूलों की बरसात है।

बाबा, आपसे जो मिला, वह हम बताएँ कैसे?
आपने जो दिया, वह हम दिखाएँ कैसे?

कविराज : बी के पुरुषोत्तम भाई, मधुबन

Angel of Shiva

Scan QR Code or visit links to join group for getting daily classes of BK Dr Sachin Bhai, Madhuban & Angel Of Shiva group.

Hindi Classes
http://tiny.cc/aoshindiwapp
Whatsapp

Hindi Classes
http://tiny.cc/aoshinditelegram
Telegram

English Classes
http://tiny.cc/aosenglishwapp
Whatsapp

English Classes
http://tiny`.cc/aosenglishtelegram
Telegram

Telugu Classes
http://tiny.cc/aosteluguwapp
Whatsapp

Telugu Classes
https://t.me/angelofshivatelugu
Telegram

Nepali Classes
https://tiny.cc/aosnepaliwapp
Whatsapp

Nepali Classes
https://t.me/angelofshivanepali
Telegram

Tamil Classes
http://tiny.cc/aostamilwapp
Whatsapp

Tamil Classes
https://t.me/aostamil
Telegram

Class Website
https://angelofshiva.com

Avyakt Murli Tests
https://amataos.online/

HW Group English
http://tiny.cc/aosenglishhwtelegram
Telegram

HW Group Hindi
https://tiny.cc/aoshindihwtelegram
Telegram

YouTube Classes
https://www.youtube.com/@AngelofShiva

YouTube Song
https://www.youtube.com/@AngelofShiva

Tamil YouTube
https://youtube.com/@angelofshivatamil

Hindi Book
https://angelofshiva.in/

www.ingramcontent.com/pod-product-compliance
Lightning Source LLC
LaVergne TN
LVHW100321210926
848480LV00003B/1209